スイスイとける

公務員受験

国家一般職（高卒者）
地方初級など

適性試験

TAC適性試験研究会

TAC出版
TAC PUBLISHING Group

は　じ　め　に

　公務員試験は国家・地方とも，教養試験（国家公務員試験の場合，基礎能力試験という）・適性試験・作文試験・面接試験などが行われている。これらの試験のうち，教養試験が合否に直接関係することは受験生の誰もが知っていることであるが，適性試験，作文試験，面接試験も軽視することはできない。なぜなら，教養試験においていかに高得点をあげたとしても，適性試験，作文試験，面接試験が基準点に達していなければ不合格となるからである。特に，作文試験，面接試験と異なり，適性試験の場合，客観的基準があるので，評価の際に好み・感情などが入り込む余地はない。もちろん，これとは反対に，いかに適性試験がよくても教養試験が基準点に達していなければ不合格になることは言うまでもない。

　そこで小社では，受験生諸君が合格を確実にするための手助けとして本書を刊行することにした。広い分野にわたる教養試験を一生懸命勉強し，合格をほぼ掌中に収めていながら適性試験で失敗したのでは悔いが残るだろう。

　本書の特徴は次の点にある。

① 15日間という短期間において，実力を十分養成できるよう構成したこと。

② 「入門コース」(5日間) と「実戦コース」(10日間) に分けたこと。「入門コース」は，適性試験において出題される基本形式をまず把握してもらうため，それに必要な知識およびテクニックを詳細に述べた。一方，「実戦コース」は，国家公務員試験（一般職高卒者試験），地方公務員試験（初級）において過去出題されたものと同じ形式のものをそれぞれ120問掲載し，実戦なみの練習ができるようにした。

公務員適性試験研究会

目　次

本書の使い方

　"本の利用法なんて，読みたくない"という諸君の気持ちは十分知っ
ているが，読んでおくときっと役に立つはず！

●まずは我慢してみよう

　"早く，問題にとりかかりたい"その気持ちもよくわかるが，ま
ずは「適性試験のプロローグ」を読んでもらいたい。なぜなら，公
務員試験における適性試験の位置づけ，適性試験の出題形式と内容，
適性試験の攻略法などについて一通り知っていなければおちついて
勉強もできまい。何事もそうであるが，基礎を固め，その上にいろ
いろ積み上げることである。

●毎日やっていこう

　本書は15日間で終了できるように構成してある。集中すれば一
日でやってしまうことも可能であるが，毎日少しずつこなしてい
くのがベターであろう。そこで一応の目安として，1日目，2日目
………15日目というようにしるしをつけておいた。調子のよい日は
2日分あるいは3日分チャレンジしてもかまわないが，一冊終了す
るまで決して休みの日を作らないことである。

●タイプは5つしかない

　「入門コース」は，検査形式別に構成したものである。つまり，
これまでの適性試験の検査形式を調べてみると，計算・分類・置換・
照合・図形把握の5つしかないことから，まずはこれらの形式に慣
れ親しんでもらうことにした。言い換えれば，これら5つのタイプ
をマスターすれば適性試験の準備態勢はできあがることになる。

● 本番通りに取り組もう

「実戦コース」はその名の通り，本試験と同じ形式にしたものである。すなわち，120問，3形式のスパイラル方式になっている。これを本番どおり15分間で取り組んでもらいたい。当初はすばやく処理できないだろうが，合計10回分掲載してあるのでスピードもアップしてこよう。

ただし，問題を開始する前に，最初のページに掲げてある解答の手順をじっくり読むこと。これも本番どおり5分間で行ってもらいたい。

● マークシート欄の使い方

適性試験の解答方法は教養試験と同様，マークシート方式になっている。よって，「実戦コース」においては各問題とも右のページにマークシート欄を設けた。マークシートの記入の仕方は設問(1)の答が5と判断した場合には，5の欄の の センターラインを結んで のようにする。使用する鉛筆はHBで，マークは濃くすること。

人それぞれ勉強の方法は異なるので一概にはいえないが，できるなら一冊一通り終わったところで再度最初からチャレンジしてもらいたい。したがって，マークシート欄にマークするのは2回目にしてもらいたい。つまり，実力がついたところで本番さながらにやってみたらということである。

〔注1〕県・政令指定都市では120問で15分，政令指定都市以外の市役所では100問で10分が一般となっている。
〔注2〕適性試験を実施しない自治体も多くあるので，募集要項を早めに取り寄せ，必ず確認すること。

適性試験のプロローグ

1. 公務員試験のあらまし

　公務員を志望する人の数は依然多く，それだけに競争も激しい。この公務員試験では，刻一刻と移り変わる激動の社会情況の中にあって，流れに対応するだけの能力をもった人材を強く求めている。

　国家公務員試験（一般職高卒者試験）は，人事院が実施し，各省庁や国家機関に勤務する国家公務員を採用するための試験であるのに対し，地方公務員試験（初級）は，各都道府県が実施する試験で，東京都を除きほぼ同じ問題が出題され，各都道府県に勤務する地方公務員を採用する試験である。国家公務員試験は，第1次試験が9月上旬に，また，地方公務員試験は，各道府県ではほぼ9月下旬に行われている。市役所採用試験の多くは，道府県採用試験より約1週間前に実施される。

　次に試験の内容であるが，教養試験（国家の場合，基礎能力試験という），適性試験，作文試験，および面接試験と，そのほかに身体検査などが行われている。細かい点は，国家，各都道府県などでさまざまに異なっているが，第1次試験と第2次試験とに分けて行われる点ではすべて共通である。大まかにいうと，第1次試験では，教養試験，適性試験，作文試験が，第2次試験では面接試験などが行われる例が多い。教養試験では，高校で学んだ各分野の知識・知能などが試され，適性試験では，職業に対する適性が判断されている。ただし，正確な情報をつかんでおくためには，各受験先の受験要項を入手して，確実な情報を得ておく必要があろう。

　また，希望する職種によっては試験の内容が大きく異なっているので，あらかじめ十分な情報を得ておくことは，受験者にとっては必要不可欠な事柄と心得ておくべきであろう。

2. 適性試験のポイント

適性試験とは，教養試験，作文試験，人物試験などではなかなか評価が難しい「書記的事務能力」を測ろうとするものである。では，「書記的事務能力」とは何だろう。

実際の行政事務の基本的な仕事は，書類の清書，記入，照合，転記，分類，整理などである。したがって，このような作業をいかに速く正確にこなすことができるか，ということが公務員にとっては重要なわけである。このような能力が「書記的事務能力」であり，適性試験が行われる理由もここにある。

公務員，とりわけ窓口業務などにおいては，迅速かつ正確な行政事務処理が必要である。合格者は，いずれはその第一線において職務を担当することになるわけであり，また，窓口業務のみならず公務のあらゆる分野において，能率を高め，的確で迅速な行政事務処理が必要なことはいうまでもないだろう。

したがって，たとえ教養試験の結果が良くても，適性試験の結果が悪く，「書記的能力，事務処理能力」が著しく欠けると判断された場合には，不合格ということになる。一般に，適性試験の基準点は満点の30％であるので，それ以下だと自動的に不合格となる。

● 120問を15分で解く！

適性試験は，一種の「スピード検査」で，出される問題自体はきわめてやさしいものだが，一般的に，問題数は120問（あるいは100問）とかなり多く，解答時間は15分（あるいは10分）ときわめて短い。全問解くとすると，1問あたり平均7.5秒で解かなくてはならないことになる。ただし，20分あるいは30分の自治体も中にはある。

初めて適性試験の練習をした人が，15分間で半分の60問も解けなかったということはよくある。しかし，素質にもよるだろうが，訓練次第では，1.5〜2倍は向上することが可能である。初めは半分も解けなかった人が，100問程度を解けるようになることもある。逆にいえば，全く訓練をしなければ，訓練した人に相当な差をつけられることになる。まさに，合否の鍵はここにあるといえる。

● 5つの検査形式の特徴

　適性試験の検査形式は，大きく5つに分けられる。それを表にまとめると，次のようになる。

形　　式	特　　徴
計　　算	簡単な加減乗除の計算問題。
分　　類	記号や文字などを，ある約束に従って振り分ける検査形式。
置　　換	手引にそって，数字を文字（またはその逆）に置き換える検査形式。
照　　合	正本と副本を見比べて，誤りを探したりする検査形式。
図形把握	与えられた図形と同じもの，あるいは異なるものを探し出す検査形式。

　各検査形式の詳しい説明は「入門コース」にあるので，そちらをみていただきたい。また，これら5つのうちの2つを組み合わせた形式（複合問題）もあるので，注意してほしい。

　実際の試験では，これらのうちの3形式が各40問ずつ出題される。これは，一部の例外を除いて，国家・地方のいずれでも行われるやり方である。例外には，過去に東京都（現在は実施していない）が，5形式100問を20分で解かせていた。

● スパイラル方式に慣れる

　適性試験は，「スパイラル方式」という問題配列がなされている。これはどういうものかというと，3つの出題形式が10問ずつ順番に並んだ形式になったものである。例を挙げると，計算・照合・図形把握の3形式が40問ずつ出題されるとすると，No. 1からNo. 10までが計算，No. 11からNo. 20までが照合，No. 21からNo. 30までが図形把握，そしてまたNo. 31からNo. 40までが計算，という具合の問題配列である。受験者は，10問ごとにすみやかに頭を切り替えなくてはならない。

〈スパイラル方式の配列例〉

$$\left.\begin{array}{c}\text{No.1}\\\sim\\\text{No.10}\end{array}\right\}\text{計算}\quad\left.\begin{array}{c}\text{No.31}\\\sim\\\text{No.40}\end{array}\right\}\text{計算}\quad\left.\begin{array}{c}\text{No.61}\\\sim\\\text{No.70}\end{array}\right\}\text{計算}\quad\left.\begin{array}{c}\text{No.91}\\\sim\\\text{No.100}\end{array}\right\}\text{計算}$$

$$\left.\begin{array}{c}\text{No.11}\\\sim\\\text{No.20}\end{array}\right\}\text{照合}\quad\left.\begin{array}{c}\text{No.41}\\\sim\\\text{No.50}\end{array}\right\}\text{照合}\quad\left.\begin{array}{c}\text{No.71}\\\sim\\\text{No.80}\end{array}\right\}\text{照合}\quad\left.\begin{array}{c}\text{No.101}\\\sim\\\text{No.110}\end{array}\right\}\text{照合}$$

$$\left.\begin{array}{c}\text{No.21}\\\sim\\\text{No.30}\end{array}\right\}\begin{array}{c}\text{図形}\\\text{把握}\end{array}\quad\left.\begin{array}{c}\text{No.51}\\\sim\\\text{No.60}\end{array}\right\}\begin{array}{c}\text{図形}\\\text{把握}\end{array}\quad\left.\begin{array}{c}\text{No.81}\\\sim\\\text{No.90}\end{array}\right\}\begin{array}{c}\text{図形}\\\text{把握}\end{array}\quad\left.\begin{array}{c}\text{No.111}\\\sim\\\text{No.120}\end{array}\right\}\begin{array}{c}\text{図形}\\\text{把握}\end{array}$$

●採点法は減点法である

　適性試験の採点法は，その正答数だけによって採点するのではなく，誤答数も採点される減点法がとられている。つまり，得点は，正答数から誤答数をひいた値となる。ここで注意したいのは，誤答の中には，無答（解答をとばしたもの）と二重答（答を2つチェックしたもの）も含まれるということだ。

　たとえば，120問中，No. 80まで解答し，そのうち6問まちがえ，10問とばしたとすると，正答数は64となるが，得点は64－6－10で，48ということになる。つまり，120点満点でたったの48点しかとれないことになってしまう。決してとばして解答してはならないことがわかるだろう。

●適性試験の対策

　以上で適性試験の概要は飲みこめたと思う。細かな点は「入門コース」に譲ることにして，次は適性試験の対策を述べておこう。

　①　毎日，少しずつ練習していく

　1日に7〜8時間，適性試験の問題ばかりを解き，一気に実力を高めようとする人がたまにいる。悪いこととはいえないが，それよりは1日に30分程度練習し，それを2〜3か月続けた方がよい。適性試験は教養試験と異なり，短期間で実力向上がはかれるが，長い期間放っ

ておくと，実力が低下してしまうので，わずかな時間であっても毎日
練習する方が本当の実力がつくことになる。

② 苦手な検査形式を克服すること
　適性試験の検査形式は5つあり，これらのうち3つの形式が本番の
試験で出題される。
　先に述べたように，適性試験においては無答（解答をとばすこと）
は許されないし，誤答・無答は二重に引かれるので，苦手な検査形式
があった場合，適性試験において高い得点をあげることは難しいもの
となる。もしかすると適性試験で設けられた基準点がクリアできず，
その時点で不合格となるかもしれない。
　こうした最悪の事態を避けるためにも，苦手な検査形式を克服しな
ければならないが，その方法は先にも述べたように毎日コツコツ練習
することである。初めの頃は誤答が多く，イライラすることもあろう
が，2～3週間経つと誤答は少なくなり，スピードも増してくるはず。
この段階に到達すると一安心で，基準点はクリアできるものと思う。

③ 正確に処理することにウエートを置くこと
　受験生の中には，「教養試験で高い得点をとることは難しいので，
適性試験で他の人に差をつけよう」ということで，超ハイスピードで
問題を解く練習をする人がいる。こうした人は基準点を下回ることは
ないものの，必然的に誤答が生じるので，多くの時間を使って練習し
たわりには得点は伸びないことになる。それよりはスピードを若干落
とし，正答率100％を目指した方がよい。
　なお，国家公務員試験（一般職高卒者試験）の事務職における配点
比率は，基礎能力試験が$\frac{4}{9}$，適性試験が$\frac{2}{9}$，作文試験が$\frac{1}{9}$，面接試験（人
物試験）が$\frac{2}{9}$となっている。

入門コース

●このコースは，検査形式別に構成したものである。実際の試験はこれらの検査形式のうち３つの形式がスパイラル方式で出題されるが，年度によってその組み合わせは異なる。したがって，まずはこれら５つの形式をマスターしておくことが肝要となる。また，苦手と思われる検査形式については，集中的に訓練することである。

1日目 計算

→ 単純な加減乗除の計算を通して受験者の基本的な計算能力を調べる形式の問題である。TYPE別には，ただ計算していくだけの問題，計算式の途中の空欄を補充する問題，計算の結果が同じになる計算式を選ぶ問題などが主たるものであるが，方法はどのTYPEでも大差なく，正確さが決め手となる。

○—基 本 例 題—○

[例題] **1.** 次の式を計算し，その数を答えよ。ただし答は 1～5 以外にはならない。たとえば(1)では，計算の答が5なので，正答は5となる。

(1)　$7 + 8 \times 5 - 7 \times 6$　　(2)　$9 \times 6 - 4 \times 8 - 19$

(3)　$51 \div 3 - 6 - 28 \div 4$　　(4)　$5 + 5 - 45 \div 5 + 2$

(5)　$23 - 11 + 5 - 9 - 5$　　(6)　$18 \div 3 + 2 - 24 \div 4$

(7)　$8 \times 2 + 5 - 4 \times 5$　　(8)　$1 \times 6 + 3 - 15 \div 3$

(9)　$11 - 4 \times 2 - 18 \div 9$　　(10)　$76 - 69 \div 3 - 13 \times 4$

[確認] 計算の分野では最も典型的な問題例である。計算法については説明を要しないであろう。時間をいかに短縮できるかが課題となる。しかし，あくまでも正確さが大切なので，迅速さと正確さとの兼ね合いを考えてしっかり練習しておきたい。

正答 (1)−5　(2)−3　(3)−4　(4)−3　(5)−3　(6)−2　(7)−1　(8)−4　(9)−1　(10)−1

例題 **2.** 左の数式の答と同じ答になる数式を右の1～5の中から選べ。たとえば, (1)では, 左の式を計算すると15となり, それは右の3の欄に含まれる「17－2」の答と同じなので, 正解は3となる。

	1	2	3	4	5
(1) 78 ÷ 6 + 2	45 ÷ 9	3 × 6	17 － 2	63 － 56	19 + 3
(2) 56 － 27 × 2	19 － 14	8 ÷ 4	3 × 2	4 － 1	8 × 5
(3) 3 × 6 － 9	1 + 18	6 ÷ 3	2 × 4	13 － 6	81 ÷ 9

確認 選択肢で大体の見当をつけるようなやり方では逆効果である。左の式の答を出してから検討していくのが正道となる。ちなみに(2)と(3)の左の式の答は, それぞれ2, 9である。左の式を計算したら必ずその答をメモしておくようにすれば, ミスの数が少なくなる。

正答 (1)－3 (2)－2 (3)－5

例題 **3.** 次の計算式の空欄にあてはまる数を答えよ。ただし, 答は1～5以外にはならない。たとえば(1)を計算すると, 正答は5となる。

(1) 7 × 4 －□ = 23

(2) 56 ÷ 8 +□ = 8

(3) 69 ÷ 23 +□ = 7

(4) 13 － 14 ÷□ = 6

(5) 27 ÷□－ 4 = 5

(6) □ × 16 － 2 = 30

(7) 18 － 15 ÷□ = 15

(8) 45 ÷□+ 17 = 26

(9) 25 +□× 7 = 46

(10) 4 × 4 －□ = 15

確認 計算方法が多少複雑になってくるので, 要領よく処理していかなければ, 時間の制約を克服しにくくなってくる。答は1～5の中にあるので, それぞれの数を代入していくなどして, できるだけ手間を省いていく工夫が欲しいところである。方程式を解く要領を使って実際に移項したりしていると時間がいくらあっても足りなくなる。

正答 (1)－5 (2)－1 (3)－4 (4)－2 (5)－3 (6)－2 (7)－5 (8)－5 (9)－3 (10)－1

○○━━ 練 習 問 題 ━━○○

（時間は無制限，全問解くこと）

次の式を計算し，その答を答えよ。

(1) $6 \times 4 - 3 \times 7 - 2$

(2) $2 + 35 \div 7 - 30 \div 6$

(3) $5 + 3 \div 1 \times 4 - 16$

(4) $64 \div 8 - 2 - 12 \div 6$

(5) $1 \times 6 - 28 \div 7 + 2$

(6) $2 \times 7 - 49 \div 7 - 4$

(7) $25 \div 5 + 4 \times 2 - 8$

(8) $3 \times 8 \div 6 \div 2 + 3$

(9) $2 + 2 \times 2 \div 2 - 2$

(10) $6 + 9 \div 3 - 95 \div 19$

(11) $6 \times 5 \div 10 \times 6 \div 9$

(12) $78 \div 6 - 36 \div 3 + 1$

(13) $2 \times 6 - 3 \times 3 + 1$

(14) $13 \times 3 + 24 \div 12 - 37$

(15) $15 \times 3 - 20 \times 2 - 2$

(16) $14 \div 2 - 3 \times 2 + 4$

(17) $35 + 4 - 19 + 3 - 20$

(18) $38 \div 2 - 75 \div 5 - 3$

(19) $2 + 13 - 8 - 16 \div 4$

(20) $64 \div 16 + 4 \times 3 - 14$

(21) $1 + 14 \div 2 - 63 \div 9$

(22) $53 - 4 \times 9 - 4 \times 4$

(23) $21 - 4 \times 4 - 27 \div 9$

(24) $6 - 2 + 7 - 77 \div 11$

(25) $9 \div 3 \times 8 - 3 \times 7$

(26) $19 - 3 \times 4 + 35 - 40$

(27) $54 \div 3 - 3 \times 5 - 1$

(28) $42 \div 3 + 2 \times 9 - 29$

(29) $7 \times 7 - 8 \times 4 - 12$

(30) $2 \times 8 - 35 \div 7 - 6$

(31) $11 \times 8 - 9 \times 8 - 11$

(32) $12 - 45 \div 5 + 8 - 7$

(33) $42 \div 6 + 32 \div 4 - 12$

(34) $3 \times 6 \div 2 - 63 \div 9$

(35) $13 - 40 \div 5 - 12 \div 3$

(36) $21 \div 7 + 26 \div 13 - 1$

(37) $28 \div 7 + 2 \times 3 - 5$

(38) $13 \times 3 - 6 \times 6 - 1$

(39) $81 \div 9 - 1 \times 5 - 3$

(40) $8 \times 3 - 5 \times 4 + 1$

左の数式の答と同じ答になる数式を右の1〜5の中から選べ。

	1	2	3	4	5
(41) $6 \times 8 - 24$	$54 - 28$	$10 + 15$	12×2	$51 \div 3$	$64 \div 4$
(42) $4 + 9 \times 5$	$32 + 9$	$44 \div 11$	$53 - 21$	13×4	7×7
(43) $16 - 35 \div 5$	$63 \div 7$	$16 - 9$	4×6	$18 + 3$	$34 \div 17$
(44) $21 \div 7 + 2$	4×1	$14 \div 2$	$12 + 4$	$15 \div 3$	$26 - 20$

入門コース

1日目 計算（練習問題）

5

(45) $5 \times 2 - 8$

(46) $4 + 25 \div 5$

(47) $7 + 2 \times 9$

(48) $60 + 5 \times 7$

(49) $16 \div 2 \times 3$

(50) $4 \times 7 - 8$

(51) $3 + 5 \times 3$

(52) $2 \times 4 \times 5$

(53) $1 + 35 \div 7$

(54) $3 + 8 \times 9$

(55) $4 \times 4 - 2$

(56) $12 \div 3 + 14$

(57) $63 \div 3 \div 7$

(58) $6 + 24 \div 4$

(59) $5 + 8 \times 8$

(60) $32 - 14 \times 2$

(61) $4 \times 7 - 4$

(62) $2 + 10 \div 5$

(63) $18 - 5 \times 2$

(64) $82 \div 2 - 17$

(65) $20 \times 2 - 18$

(66) $3 + 32 \div 8$

(67) $9 - 60 \div 15$

(68) $12 + 3 \times 6$

(69) $48 \div 6 \times 2$

(70) $5 \times 5 - 10$

(71) $66 - 11 \times 5$

(72) $9 \times 3 + 3$

(73) $24 \div 4 \times 3$

(74) $3 + 72 \div 4$

1	2	3	4	5
$3 - 2$	1×2	2×2	$16 \div 4$	$9 \div 3$
$15 \div 5$	2×4	$6 - 5$	3×3	$11 - 3$
6×6	$15 + 19$	$18 + 7$	4×2	$30 - 20$
20×3	$54 \div 2$	$70 - 21$	$30 + 55$	19×5
4×7	$36 \div 2$	$17 + 15$	6×4	$8 + 18$
5×4	$75 \div 3$	$22 - 8$	$60 \div 4$	$37 - 20$
$36 + 18$	$12 + 6$	9×3	$40 - 13$	$63 - 40$
$25 + 15$	3×6	5×9	$66 \div 6$	$54 \div 6$
2×5	$11 - 3$	$42 \div 6$	$12 + 21$	$1 + 5$
$72 - 26$	$30 + 32$	7×6	8×4	15×5
3×4	$50 - 35$	$7 + 7$	$48 \div 6$	6×2
$54 \div 3$	$24 + 3$	$10 + 12$	4×2	$64 \div 8$
$24 \div 12$	$7 - 4$	$1 + 6$	$19 - 18$	1×4
3×7	$8 + 7$	$9 + 9$	2×6	$11 - 5$
$25 + 30$	23×3	5×12	$81 \div 9$	$72 \div 3$
$2 + 17$	$19 - 13$	$24 \div 6$	$20 + 2$	$32 - 18$
$18 - 3$	5×6	$18 + 2$	$17 - 4$	6×4
$12 \div 4$	$14 - 9$	3×3	$20 \div 5$	$15 + 3$
$7 + 1$	$11 + 1$	$14 \div 2$	2×2	$13 + 15$
10×3	$96 \div 4$	$2 + 15$	$36 - 20$	$40 \div 5$
$14 + 8$	2×5	11×3	$8 + 15$	$15 - 9$
$10 - 4$	3×8	$21 \div 3$	$71 - 60$	$42 - 17$
$15 \div 5$	$4 + 7$	$31 - 24$	$41 - 25$	$35 \div 7$
2×9	$20 - 2$	$35 - 18$	5×6	$14 + 12$
1×14	$6 \div 2$	$22 - 6$	$20 \div 5$	$32 - 24$
$10 + 4$	$23 + 11$	$45 \div 3$	9×3	4×4
$16 \div 4$	$40 \div 8$	$19 - 4$	$7 + 4$	$60 \div 10$
10×3	$51 \div 3$	8×7	$22 \div 2$	$20 - 5$
$8 + 15$	$35 - 17$	$12 \div 6$	2×4	$41 - 40$
$18 - 2$	19×3	$26 - 13$	$17 - 8$	7×3

(75)　15 － 6 × 2

(76)　4 × 12 － 30

(77)　30 － 80 ÷ 5

(78)　4 + 15 × 2

(79)　5 + 9 × 2

(80)　7 × 5 － 18

	1	2	3	4	5
	1 + 6	21 － 14	18 ÷ 6	15 + 3	2 × 5
	5 + 8	6 × 3	14 － 4	2 + 18	60 ÷ 4
	25 － 7	10 + 4	9 × 3	36 ÷ 6	8 × 4
	65 － 25	2 × 5	7 + 18	2 × 17	50 + 18
	27 － 4	21 + 7	8 × 5	7 × 5	18 － 7
	23 － 19	6 × 4	9 + 8	16 ÷ 4	25 ÷ 5

次の計算式の空欄にあてはまる数を答えよ。

(81)　5 + 18 × □ = 59

(82)　35 ÷ □ + 3 = 10

(83)　19 － 12 ÷ □ = 16

(84)　□ × 8 － 4 = 20

(85)　61 － 15 × □ = 46

(86)　9 × 7 － □ = 61

(87)　49 ÷ 7 － □ = 5

(88)　15 + 6 × □ = 33

(89)　50 ÷ 25 + □ = 4

(90)　38 － 7 × □ = 10

(91)　6 × □ + 5 = 23

(92)　6 － 20 ÷ □ = 2

(93)　13 － 6 × □ = 1

(94)　15 × □ + 21 = 96

(95)　28 ÷ □ + 3 = 10

(96)　18 － 3 × □ = 15

(97)　10 + 21 ÷ □ = 17

(98)　14 × □ － 20 = 8

(99)　15 ÷ □ + 25 = 40

(100)　31 － 60 ÷ □ = 16

(101)　6 + 16 × □ = 86

(102)　11 － 8 ÷ □ = 7

(103)　18 － 45 ÷ □ = 9

(104)　36 － 7 × □ = 8

(105)　12 × □ － 35 = 1

(106)　9 × □ － 23 = 13

(107)　11 + 72 ÷ □ = 47

(108)　□ + 6 × 3 = 19

(109)　48 － 9 × □ = 21

(110)　55 ÷ □ － 30 = 25

(111)　16 ÷ □ + 19 = 27

(112)　21 － 3 × □ = 12

(113)　5 × 6 － □ = 26

(114)　6 + 18 × □ = 78

(115)　59 － 15 × □ = 44

(116)　7 × 8 + □ = 60

(117)　38 × □ － 50 = 26

(118)　51 ÷ 17 + □ = 5

(119)　42 － 9 × □ = 15

(120)　62 ÷ 2 － □ = 28

(1)− 1	(2)− 2	(3)− 1	(4)− 4	(5)− 4	(6)− 3
(7)− 5	(8)− 5	(9)− 2	(10)− 4	(11)− 2	(12)− 2
(13)− 4	(14)− 4	(15)− 3	(16)− 5	(17)− 3	(18)− 1
(19)− 3	(20)− 2	(21)− 1	(22)− 1	(23)− 2	(24)− 4
(25)− 3	(26)− 2	(27)− 2	(28)− 3	(29)− 5	(30)− 5
(31)− 5	(32)− 4	(33)− 3	(34)− 2	(35)− 1	(36)− 4
(37)− 5	(38)− 2	(39)− 1	(40)− 5	(41)− 3	(42)− 5
(43)− 1	(44)− 4	(45)− 2	(46)− 4	(47)− 3	(48)− 5
(49)− 4	(50)− 1	(51)− 2	(52)− 1	(53)− 5	(54)− 5
(55)− 3	(56)− 1	(57)− 2	(58)− 4	(59)− 2	(60)− 3
(61)− 5	(62)− 4	(63)− 1	(64)− 2	(65)− 1	(66)− 3
(67)− 5	(68)− 4	(69)− 3	(70)− 3	(71)− 4	(72)− 1
(73)− 2	(74)− 5	(75)− 3	(76)− 2	(77)− 2	(78)− 4
(79)− 1	(80)− 3	(81)− 3	(82)− 5	(83)− 4	(84)− 3
(85)− 1	(86)− 2	(87)− 2	(88)− 3	(89)− 2	(90)− 4
(91)− 3	(92)− 5	(93)− 2	(94)− 5	(95)− 4	(96)− 1
(97)− 3	(98)− 2	(99)− 1	(100)− 4	(101)− 5	(102)− 2
(103)− 5	(104)− 4	(105)− 3	(106)− 4	(107)− 2	(108)− 1
(109)− 3	(110)− 1	(111)− 2	(112)− 3	(113)− 4	(114)− 4
(115)− 1	(116)− 4	(117)− 2	(118)− 2	(119)− 3	(120)− 3

セルフチェック

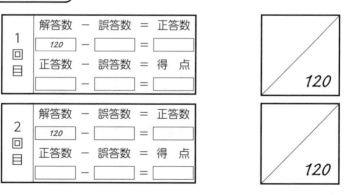

	解答数 − 誤答数 ＝ 正答数
1回目	120 − □ ＝ □
	正答数 − 誤答数 ＝ 得 点
	□ − □ ＝ □

120

	解答数 − 誤答数 ＝ 正答数
2回目	120 − □ ＝ □
	正答数 − 誤答数 ＝ 得 点
	□ − □ ＝ □

120

2日目 分類

→ 手引に従って，数字や文字などを分類していく検査である。機敏に処理していく能力が要求されるが，集中力を欠いたり，思い込みがあったりするとすぐに点数に響いてくるので十分に注意したい。毎年，少しずつパターンが変えられているが，典型例さえマスターしておけば十分であろう。

○─基本例題─○

[例題] **1.** 次の数字を手引によって分類せよ。たとえば，(1)では，1851 は手引の 1 の欄の 1769〜1902 に含まれるので，正答は 1 となる。

〈手　　引〉

1	2	3	4	5
1769〜1902	1531〜1729	1903〜2334	1730〜1768	2335〜2418
2431〜2672	2920〜2993	2994〜3063	2419〜2430	2673〜2919
4581〜4749	4772〜4934	3112〜4580	4750〜4771	3063〜3111
4934〜5265	5844〜5918	5315〜5729	5266〜5314	5730〜5843
5988〜5994	6104〜6121	5973〜5987	5919〜5972	5995〜6103

(1)　1851　　(2)　2988　　(3)　4791

(4)　5693　　(5)　6051　　(6)　4765

[確認] 慣れないうちは，表に番号をふってから問題に移るのもよい。数の配列がかなり複雑になっているので，確実に見極めてから解答しないとミスの原因となる。

[正答] (1)−1　(2)−2　(3)−2　(4)−3　(5)−5　(6)−4

9

例題 **2.** 次の数字を手引によって分類せよ。たとえば，(1)では，「く－658」は第3組に分類されるので，正答は3となる。

〈手引〉	第1組	し～そ	105～376	943～986
	第2組	え～す	318～474	711～848
	第3組	き～て	615～760	814～830
	第4組	に～へ	126～321	613～954
	第5組	つ～と	157～222	446～479

(1) く－658　　(2) す－246　　(3) つ－663
(4) の－185　　(5) こ－425　　(6) と－179

確認 かな部分にも数字部分にもそれぞれ重複部分があるので，まずかなで組をしぼっておき，そのあとで数字を確認していく方法が正確。

正答 (1)－3　(2)－1　(3)－3　(4)－4　(5)－2　(6)－5

例題 **3.** 次のことばを手引によって分類せよ。たとえば，(1)では「よもみめ」は手引の2の欄にあるので，正答は2となる。

〈手引〉			
1	くとけむ ゆつぬま	らたてし せそりあ	
2	ふねわに かさみな	よもみめ えせもそ	
3	ちひへん めいさち	ろほりお きなわす	
4	よしくす ひあまつ	きるのう くみやろ	
5	されめこ とへけす	はやいこ のたくい	

(1) よもみめ
(2) ひあまつ
(3) ゆつぬま
(4) はやいこ
(5) らたてし
(6) ろほりお

確認 出題頻度のかなり高い問題なので，数多く練習してスピードアップを心掛けよう。

正答 (1)－2　(2)－4　(3)－1　(4)－5　(5)－1　(6)－3

○━━練 習 問 題━━○

（時間は無制限，全問解くこと）

次の数字を手引によって分類せよ。

〈手引〉

	1	2	3	4	5
	1914～1923	1405～1572	1263～1385	1573～1913	1386～1404
	2791～2835	2624～2739	2836～2848	1924～2623	2740～2791
	2849～3026	3235～3691	3027～3234	4233～4359	3692～4232
	4514～4739	4763～4866	4360～4421	4740～4762	4422～4513
	5007～5193	5580～6127	5328～5579	5194～5327	4867～5006

(1) 1486　　(2) 5000

(3) 4697　　(4) 5198

(5) 3835　　(6) 1917

(7) 1294　　(8) 3286

(9) 4545　　(10) 4488

(11) 2199　　(12) 5730

(13) 2763　　(14) 5034

(15) 2845　　(16) 1392

(17) 5126　　(18) 4260

(19) 5411　　(20) 4895

次の数字を手引によって分類せよ。

〈手引〉

第1組	え～し	226～396	488～605
第2組	き～た	421～639	755～792
第3組	あ～く	135～182	619～753
第4組	せ～ね	354～545	908～976
第5組	す～は	519～733	868～925

(21) そ－389　　(22) き－229

(23) こ－619　　(24) て－946

11

| ⑵⑸ さ－445 | ⑵⑹ つ－393 |

⑵⑸ さ－445　　⑵⑹ つ－393
⑵⑺ え－734　　⑵⑻ か－286
⑵⑼ し－616　　⑶⑼ く－142
⑶⑴ け－249　　⑶⑵ す－713
⑶⑶ ち－698　　⑶⑷ お－533
⑶⑸ せ－785　　⑶⑹ く－742
⑶⑺ な－938　　⑶⑻ と－546
⑶⑼ ね－889　　⑷⑼ た－768

次のことばを手引によって分類せよ。

〈手引〉	1	とへのめ きらよす	ろくもせ そやあき
	2	ぬいかは へなきこ	みさしま えねおに
	3	ひをほて ぬんたり	すあよる うみあし
	4	さむちふ ねませつ	やりらも とろたえ
	5	くなつき みはかち	たかうゆ まとちあ

⑷⑴ さむちふ　　⑷⑵ たかうゆ
⑷⑶ ひをほて　　⑷⑷ きらよす
⑷⑸ みさしま　　⑷⑹ とろたえ
⑷⑺ へなきこ　　⑷⑻ そやあき
⑷⑼ えねおに　　⑸⑼ ぬんたり
⑸⑴ みはかち　　⑸⑵ うみあし
⑸⑶ ねませつ　　⑸⑷ ろくもせ
⑸⑸ すあよる　　⑸⑹ くなつき
⑸⑺ やりらも　　⑸⑻ まとちあ
⑸⑼ とへのめ　　⑹⑼ ぬいかは

次の数字を手引によって分類せよ。

	1	2	3	4	5
〈手引〉	1807～2014	1431～1558	2015～2164	1559～1806	2165～2347
	2452～2679	2748～2836	2680～2747	2348～2451	2837～2963
	2964～3145	3764～3818	3287～3529	3530～3763	3146～3286
	4527～4684	3923～4526	4772～4835	3819～3922	4685～4771
	5479～5678	4836～5164	5337～5478	5165～5336	5679～5682

(61) 5680   (62) 3414

(63) 4139   (64) 4673

(65) 3628   (66) 2136

(67) 3837   (68) 5094

(69) 1935   (70) 4719

(71) 5456   (72) 4223

(73) 2402   (74) 2141

(75) 2863   (76) 4066

(77) 5138   (78) 1994

(79) 4862   (80) 1724

次の数字を手引によって分類せよ。

〈手引〉	第1組	こ～な	181～239	484～629
	第2組	う～そ	247～383	602～785
	第3組	ね～ま	352～613	765～936
	第4組	し～む	149～356	511～823
	第5組	お～て	469～538	577～582

(81) ま － 266   (82) と － 153

(83) き － 684   (84) の － 862

(85) こ － 227   (86) つ － 471

(87) す － 806   (88) け － 579

(89)	せ－372	(90)	ち－772
(91)	の－505	(92)	さ－212
(93)	へ－643	(94)	た－483
(95)	て－245	(96)	な－324
(97)	か－580	(98)	し－369
(99)	ほ－449	(100)	く－474

次のことばを手引によって分類せよ。

〈手引〉			
	1	なろしか えすぬて	ひさとく おこうつ
	2	もやつほ によさわ	きはたな えかふる
	3	せんさき こほかま	しむなと りいゆつ
	4	いきちす くねろら	はるめあ れをさみ
	5	よちすへ ひぬにと	しあつれ てけめら

(101)	おこうつ	(102)	よちすへ
(103)	によさわ	(104)	しむなと
(105)	れをさみ	(106)	てけめら
(107)	なろしか	(108)	しあつれ
(109)	こほかま	(110)	いきちす
(111)	ひぬにと	(112)	きはたな
(113)	せんさき	(114)	もやつほ
(115)	えすぬて	(116)	くねろら
(117)	りいゆつ	(118)	えかふる
(119)	はるめあ	(120)	ひさとく

(1) − 2	(2) − 5	(3) − 1	(4) − 4	(5) − 5	(6) − 1
(7) − 3	(8) − 2	(9) − 1	(10) − 5	(11) − 4	(12) − 2
(13) − 5	(14) − 1	(15) − 3	(16) − 5	(17) − 1	(18) − 4
(19) − 3	(20) − 5	(21) − 4	(22) − 1	(23) − 2	(24) − 4
(25) − 2	(26) − 4	(27) − 3	(28) − 1	(29) − 2	(30) − 3
(31) − 1	(32) − 5	(33) − 5	(34) − 1	(35) − 2	(36) − 3
(37) − 4	(38) − 5	(39) − 5	(40) − 2	(41) − 4	(42) − 5
(43) − 3	(44) − 1	(45) − 2	(46) − 4	(47) − 2	(48) − 1
(49) − 2	(50) − 3	(51) − 5	(52) − 3	(53) − 4	(54) − 1
(55) − 3	(56) − 5	(57) − 4	(58) − 5	(59) − 1	(60) − 2
(61) − 5	(62) − 3	(63) − 2	(64) − 1	(65) − 4	(66) − 3
(67) − 4	(68) − 2	(69) − 1	(70) − 5	(71) − 3	(72) − 2
(73) − 4	(74) − 3	(75) − 5	(76) − 2	(77) − 2	(78) − 1
(79) − 2	(80) − 4	(81) − 4	(82) − 4	(83) − 2	(84) − 3
(85) − 1	(86) − 5	(87) − 4	(88) − 5	(89) − 2	(90) − 4
(91) − 3	(92) − 1	(93) − 4	(94) − 5	(95) − 4	(96) − 4
(97) − 5	(98) − 2	(99) − 3	(100) − 5	(101) − 1	(102) − 5
(103) − 2	(104) − 3	(105) − 4	(106) − 5	(107) − 1	(108) − 5
(109) − 3	(110) − 4	(111) − 5	(112) − 2	(113) − 3	(114) − 2
(115) − 1	(116) − 4	(117) − 3	(118) − 2	(119) − 4	(120) − 1

セルフチェック

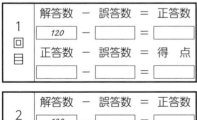

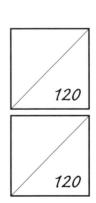

1 回目

解答数	−	誤答数	=	正答数
120	−		=	

正答数	−	誤答数	=	得　点
	−		=	

2 回目

解答数	−	誤答数	=	正答数
120	−		=	

正答数	−	誤答数	=	得　点
	−		=	

120

120

3日目 置 換

日	月	火	水	木	金	土
✳	2	3	4	5	6	7
8	9	10	11	12	13	14
15						

➡ 手引にそって，数字を英字に（またはその逆）置き換える問題が大半を占める。手引にもいろいろな形式のものが見られ，問題には置換後計算させるものもある。2つの手引を用いる問題は，やや理解しにくいので十分に練習しておく必要があるだろう。

○─基 本 例 題─○

例題 **1.** 次の数字を手引によって置き換えた場合，正しいものを答えよ。たとえば，(1)では「ＧＰＬ」が正しく対応しており，正解は4。

〈手	3	0	6	9	2
引〉	7	1	5	4	8

G	M	P	L	A
F	C	H	K	J

		1	2	3	4	5
(1)	3 6 9	G A J	A M H	C F K	G P L	C F J
(2)	1 4 7	J H P	C L F	J C H	C K F	J G L
(3)	2 5 0	A H M	G M H	G J P	A P J	L C J
(4)	8 4 3	A H G	K M P	A H L	K M C	J K G
(5)	9 0 2	F K C	L M A	F K P	L M G	L A P

確認 最も典型的な置換の問題例である。自分なりにスピードアップできる方法を会得できるように数多く練習を積んでいこう。面倒な作業の繰り返しなので，正確さを発揮できるかどうかも大切である。最初の文字だけでなく，必ず2つ目まで確認する習慣をつけてほしい。

正答 (1)－4 (2)－4 (3)－1 (4)－5 (5)－2

例題 **2.** 次の数字またはアルファベットを，手引によってアルファベットまたは数字に正しく置き換えたものはどれか。たとえば，(1)ではDRBを数字に置き換えると６１４となり，正答は３である。

〈手引〉

1 = R	2 = V	3 = T	4 = B	5 = X
6 = D	7 = I	8 = S	9 = U	0 = Z

		1	2	3	4	5
(1)	D R B	621	753	614	869	746
(2)	Z T I	037	237	031	251	057
(3)	V S X	285	184	286	146	281

確認　要領は例題１の場合とほとんど変わらない。手引を十分に使いこなせるようにしておこう。

正答　(1)－3　(2)－1　(3)－1

例題 **3.** 次の問題のアルファベットと数字の組み合わせを手引１で照合し，それぞれの数字の差をすべて合計し，その答を手引２で分類せよ。たとえば，(1)では，数字の差がそれぞれ，１，２，２，７，０となり，その合計は手引２の３の欄に含まれるので，正答は3。

〈手引1〉

C - 6	A - 2	F - 1	B - 9	E - 7	G - 3	D - 8	J - 4	I - 5

〈手引2〉

1	2	3	4	5
8	14	4	13	5
1	10	12	2	15
9	3	7	11	6

(1) G － 2 　 B － 7 　 C － 4 　 D － 1 　 E － 7

確認　置換と分類・計算との複合問題である。まず英字を数字に置換し，それぞれの差を求め，それら全部の合計を手引２で探す。十分理解したうえで始めること。

正答　(1)－3

○━━ 練 習 問 題 ━━○

（時間は無制限，全問解くこと）

次の数字を手引によって置き換えた場合，正しいものを答えよ。

〈手	4	0	1	6	9		D	P	Y	S	K
引〉	7	2	8	3	5		I	C	B	M	J

		1	2	3	4	5
(1)	6 4 9	Y I J	S D K	Y C I	S J M	Y B I
(2)	3 8 2	D K C	M I P	B K J	P S J	M B C
(3)	1 5 4	C P D	C B M	Y J D	K I J	K I B
(4)	2 7 8	I P K	C P B	I Y D	C I B	J S D
(5)	9 3 1	K M Y	J I D	B C D	K D P	J Y J
(6)	6 0 2	S P M	Y B I	S M I	Y B J	S P C
(7)	5 7 0	P K D	P S C	J I P	B D C	J S D
(8)	4 9 7	I C P	D K B	M Y P	D K I	M Y C
(9)	7 2 3	C P J	I C M	I D J	D J S	C S J
(10)	2 1 5	C Y J	C B K	J I P	C D M	J B Y
(11)	9 6 0	S J P	K P J	S I B	S P B	K S P
(12)	1 4 8	B Y P	I P K	B J P	Y D B	I M K
(13)	5 6 9	I Y B	J S K	I P C	J B K	S B D
(14)	3 9 1	J M B	P S D	M K Y	S Y C	K M Y
(15)	4 8 6	Y J I	D B S	D B K	Y M P	D J B
(16)	6 2 5	C I P	D J B	C K J	D P K	S C J
(17)	7 0 6	B S K	I K S	B C M	I P S	Y J I
(18)	1 3 7	Y M I	Y B I	C P Y	C J Y	S I M
(19)	7 1 8	I K C	B P C	I Y B	I K M	B M D
(20)	5 2 4	J C I	J C D	K M D	S P C	K J S

18

次のアルファベットを，手引によって数字に正しく置き換えたものはどれか。

〈手引〉				
1 = B	2 = N	3 = L	4 = F	5 = P
6 = K	7 = C	8 = U	9 = H	0 = G

		1	2	3	4	5
(21)	K L P	2 6 8	6 1 4	3 5 9	3 5 1	6 3 5
(22)	C B N	7 1 2	5 3 6	2 9 4	3 0 8	9 7 8
(23)	U F G	4 9 7	8 4 0	6 3 7	4 9 2	6 8 1
(24)	H B C	7 6 9	9 6 5	9 1 7	6 5 3	9 8 1
(25)	P K N	8 1 0	5 6 2	2 3 5	9 1 4	8 3 5
(26)	L H U	2 1 5	3 4 7	2 8 3	3 9 8	4 8 6
(27)	F B G	4 1 0	5 3 7	5 3 2	4 8 7	6 2 9
(28)	N P C	3 4 7	2 4 5	2 5 7	3 2 6	2 5 3
(29)	B G L	9 0 1	9 2 3	1 0 3	2 5 1	2 7 6
(30)	K U N	1 4 8	6 7 5	1 8 4	1 5 0	6 8 2
(31)	G N H	6 2 4	0 2 9	0 1 5	0 2 4	6 3 4
(32)	C H B	6 4 3	6 0 8	8 1 9	7 9 1	8 5 9
(33)	P L U	5 3 8	4 0 3	4 5 1	5 3 6	4 1 0
(34)	L F B	2 4 8	3 6 5	2 8 9	3 4 1	3 7 1
(35)	U C K	1 5 3	8 5 2	1 9 0	1 4 2	8 7 6
(36)	F G P	4 9 2	2 7 1	4 0 5	3 6 0	2 4 3
(37)	B P K	0 2 1	1 5 6	6 9 8	1 8 3	6 4 8
(38)	K H L	3 4 6	5 2 0	5 3 9	6 1 4	6 9 3
(39)	N B U	2 1 8	9 5 1	4 2 0	5 7 6	1 2 4
(40)	P F H	5 0 4	5 6 2	4 3 5	4 6 9	5 4 9

次の問題のアルファベットと数字の組み合わせを手引１で照合し，
それぞれの数字の差をすべて合計し，その答を手引２で分類せよ。

<手引１>

N-6	S-9	K-3	G-8	L-1	A-5	F-2	C-4	J-7

<手引２>

	1	2	3	4	5
	15	11	8	12	9
	13	6	1	4	7
	3	10	5	14	2

(41)　K－5　　J－4　　S－8　　A－1　　N－6

(42)　C－5　　N－8　　F－7　　L－2　　G－3

(43)　A－4　　S－8　　K－3　　C－5　　J－7

(44)　L－2　　G－8　　C－4　　N－6　　S－8

(45)　F－4　　J－9　　A－6　　C－2　　K－4

(46)　S－5　　N－7　　F－8　　G－7　　L－3

(47)　G－9　　A－9　　N－5　　F－2　　C－3

(48)　J－5　　F－3　　L－5　　S－5　　A－6

(49)　N－6　　L－2　　J－4　　K－3　　F－3

(50)　A－8　　C－7　　G－5　　J－5　　K－6

(51)　G－9　　K－3　　F－1　　C－5　　S－9

(52)　J－8　　N－5　　C－9　　F－5　　L－2

(53)　N－2　　F－3　　S－8　　A－5　　K－6

(54)　F－3　　S－7　　A－4　　J－7　　G－4

(55)　K－2　　J－5　　C－7　　N－8　　L－3

(56)　S－8　　N－6　　L－1　　G－7　　J－7

(57)　L－6　　A－4　　J－7　　K－2　　N－7

(58)　A－1　　K－5　　S－8　　A－1　　F－5

(59)　C－1　　G－9　　N－3　　L－1　　J－4

(60)　J－2　　L－2　　G－1　　N－7　　A－6

次のアルファベットを，手引によって数字に正しく置き換えたものはどれか。

〈手引〉	1 = H	2 = E	3 = A	4 = F	5 = D
	6 = C	7 = I	8 = G	9 = B	0 = J

		1	2	3	4	5
(61)	C B A	3 5 8	6 9 3	3 2 7	6 1 4	3 6 8
(62)	B D J	9 5 0	5 2 3	9 5 3	5 8 6	9 2 4
(63)	E H I	1 8 6	4 1 2	2 1 7	1 9 5	1 7 3
(64)	F B C	5 0 7	4 9 6	5 9 3	4 6 2	5 1 4
(65)	A E F	2 1 5	3 8 7	2 6 0	3 2 4	2 3 6
(66)	D J B	4 1 3	5 3 8	4 8 9	6 2 9	5 0 9
(67)	H C D	3 5 4	3 4 1	1 6 5	1 0 8	4 7 6
(68)	G I E	5 3 9	8 7 3	5 2 8	8 7 4	8 7 2
(69)	J A F	0 3 4	0 4 9	0 3 7	0 5 1	0 2 7
(70)	E F B	6 4 7	6 7 0	6 8 3	2 4 9	2 3 0
(71)	A H G	7 0 5	3 1 8	7 9 4	8 2 5	8 6 1
(72)	C I D	6 7 5	9 7 2	5 7 6	9 3 7	6 9 2
(73)	F B E	8 2 1	0 1 3	2 4 1	3 7 0	4 9 2
(74)	H B A	1 6 2	1 5 9	1 9 3	9 8 3	9 5 8
(75)	G C B	2 9 8	2 5 4	8 6 9	8 1 6	4 7 9
(76)	B A D	9 3 6	4 0 8	9 0 1	9 3 5	2 4 3
(77)	B E H	3 5 2	9 2 1	3 4 2	3 2 6	3 8 0
(78)	D G F	5 8 4	1 6 5	6 1 8	5 0 8	1 3 5
(79)	I J C	9 8 5	7 0 5	9 5 0	7 0 6	7 1 3
(80)	B C I	2 1 0	2 6 8	2 3 9	2 5 1	9 6 7

次の数字を手引によって置き換えた場合，正しいものを答えよ。

〈手引〉	8	2	9	5	7		D	H	A	C	E
	4	0	1	6	3		B	F	I	J	G

		1	2	3	4	5
(81)	2 6 5	J C A	H B E	G D F	H J C	G E B
(82)	3 8 4	G D B	A F I	C E I	A J H	G J A
(83)	1 0 7	B H A	I F E	B F J	I C B	E I C
(84)	9 4 3	C B F	D C I	A B G	F C D	E J B
(85)	4 5 0	G A H	B C E	G C B	B C F	B C H
(86)	8 3 6	D B H	C H B	C A I	I C J	D G J
(87)	5 7 9	A H C	A J B	C E A	C J G	A H I
(88)	0 2 1	E C J	F H I	E J D	F A D	F C B
(89)	7 1 2	G A C	E I H	E B J	E J I	G F E
(90)	6 9 8	H F C	H C I	J C H	J A D	A I G
(91)	8 3 5	B J A	D B H	B E F	D I B	D G C
(92)	0 6 7	F J E	J B I	C I G	J E A	F J A
(93)	9 4 8	A D H	A E I	A B D	I F B	I F J
(94)	7 5 1	E G A	E C I	A D E	A J I	H B F
(95)	3 0 6	D C I	D B H	D A G	G F J	G C I
(96)	4 1 9	C E D	B I J	C A H	B I A	E G A
(97)	8 2 3	J H E	J A C	D B I	D G B	D H G
(98)	1 8 4	I D B	B A I	B C A	G B H	G C F
(99)	5 7 2	C E H	C A G	B H F	B G I	B F J
(100)	6 9 0	A E J	B J E	J A F	B I D	J H I

次の問題のアルファベットと数字の組み合わせを手引１で照合し，それぞれの数字の差をすべて合計し，その答を手引２で分類せよ。

〈手引１〉

C-6	K-3	R-7	A-9	T-2	V-4	S-8	B-5	D-1

〈手引２〉

1	2	3	4	5
11	3	10	2	8
15	7	1	9	6
5	13	14	4	12

(101)	R－4	B－4	T－1	V－1	S－5
(102)	C－2	A－1	D－1	K－4	B－6
(103)	T－1	S－6	C－7	R－8	V－2
(104)	D－4	K－3	B－8	A－4	C－5
(105)	B－5	R－2	S－8	C－7	A－7
(106)	K－7	V－3	A－7	T－2	D－3
(107)	V－6	T－8	K－4	S－6	T－4
(108)	A－9	C－5	V－8	D－4	S－6
(109)	S－3	D－2	T－5	B－4	R－4
(110)	C－5	T－4	R－5	S－7	B－5
(111)	T－9	C－7	R－8	V－6	A－5
(112)	B－6	K－3	V－4	T－2	C－6
(113)	V－3	R－8	C－5	K－5	D－2
(114)	S－9	V－1	K－7	C－6	R－8
(115)	R－6	A－7	B－9	D－7	V－4
(116)	A－8	D－3	S－4	R－5	B－3
(117)	D－1	B－2	A－7	V－1	K－6
(118)	K－9	S－6	D－2	B－3	T－3
(119)	S－4	C－1	A－8	T－4	R－4
(120)	C－5	V－4	K－3	S－7	B－5

23

(1) － 2	(2) － 5	(3) － 3	(4) － 4	(5) － 1	(6) － 5
(7) － 3	(8) － 4	(9) － 2	(10) － 1	(11) － 5	(12) － 4
(13) － 2	(14) － 3	(15) － 2	(16) － 5	(17) － 4	(18) － 1
(19) － 3	(20) － 2	(21) － 5	(22) － 1	(23) － 2	(24) － 3
(25) － 2	(26) － 4	(27) － 1	(28) － 3	(29) － 3	(30) － 5
(31) － 2	(32) － 4	(33) － 1	(34) － 4	(35) － 5	(36) － 3
(37) － 2	(38) － 5	(39) － 1	(40) － 5	(41) － 2	(42) － 4
(43) － 1	(44) － 5	(45) － 3	(46) － 4	(47) － 5	(48) － 4
(49) － 3	(50) － 4	(51) － 1	(52) － 2	(53) － 5	(54) － 3
(55) － 2	(56) － 5	(57) － 3	(58) － 4	(59) － 2	(60) － 1
(61) － 2	(62) － 1	(63) － 3	(64) － 2	(65) － 4	(66) － 5
(67) － 3	(68) － 5	(69) － 1	(70) － 4	(71) － 2	(72) － 1
(73) － 5	(74) － 3	(75) － 3	(76) － 4	(77) － 2	(78) － 1
(79) － 4	(80) － 5	(81) － 4	(82) － 1	(83) － 2	(84) － 3
(85) － 4	(86) － 5	(87) － 3	(88) － 2	(89) － 2	(90) － 4
(91) － 5	(92) － 1	(93) － 3	(94) － 2	(95) － 4	(96) － 4
(97) － 5	(98) － 1	(99) － 1	(100) － 3	(101) － 1	(102) － 3
(103) － 2	(104) － 5	(105) － 5	(106) － 4	(107) － 2	(108) － 3
(109) － 2	(110) － 5	(111) － 1	(112) － 3	(113) － 5	(114) － 4
(115) － 2	(116) － 1	(117) － 1	(118) － 5	(119) － 1	(120) － 4

セルフチェック

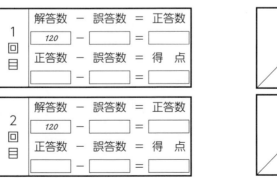
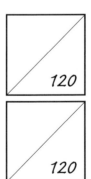

4日目 照 合

日	月	火	水	木	金	土
✳	2	3	4	5	6	7
8	9	10	11	12	13	14
15						

→ 正本と副本とを見比べて誤りを探したり，手引中の文字を探したりする形式の問題である。問題のなかでも長文を比較するものはかなり厄介で，一見誤りがなさそうなものも多々ある。一つ一つ精緻にあたっていく努力こそが大切になってくるであろう。

○─基 本 例 題─○

例題 **1.** 次の問題のなかで，手引のなかの文字だけからなっている文字がいくつあるかを答えよ。たとえば，(1)では"ほつゆな"だけが手引の文字だけからなっているので，正答は1となる。

〈手 引〉 | ゆ つ ほ や な |

(1) ゆたほつ―ほつゆな―きつなよ―やぬらこ―ゆしほに
(2) つなゆほ―よつはも―はもなま―ゆやりつ―ほつなゆ
(3) まもゆや―やなほゆ―なめつゆ―なほやつ―つなほや

確認 手引中の文字をある程度までは記憶してから解答を始める方がスピードアップにつながろう。ただし，手引との照合を適宜行っておくだけの入念さも必要である。手引中の文字が少ないので簡単そうにみえるが，実はミスがかなり多いのがこの問題の特徴である。

正答 (1)－1　(2)－2　(3)－3

例題 **2.** 次の左右の文を照合し，異なる文字の数を答えよ。ただし，全く同じ場合には5と記せ。たとえば，(1)では，「性」，「十」の2つの文字が異なるので，正答は2となる。

(1) 日常的欲求不充足のはけ口　　　日常性欲求不十足のはけ口
(2) 専門知識がより高度になっ　　　専問知識がより高度になっ
(3) 独占資本主義が形成される　　　独占資本主義が形成される
(4) 有明海・児島湾の干拓など　　　有明湾・小嶋湾の開拓など
(5) 輸入した生糸を原料として　　　輸入した生糸の原料にして

確認 問題文がかなり短いので，かなり短時間に仕上がるかもしれないが，あくまでも正確さが勝負ということを忘れないで欲しい。確認は必ず怠らずにやっておこう。

正答 (1)－2　(2)－1　(3)－5　(4)－4　(5)－3

例題 **3.** 次の正本と副本とを照合し，副本中の1～5のどこに誤りがあるか答えよ。たとえば，(1)では4の欄の「と」が誤りなので，正答は4となる。

〔正　　本〕

1	2	3	4	5
物価指数 価指数と	に関連し 消費者の	てよく問 実感が食	題になる い違うと	のは，物 いう点で

(1)

〔副　　本〕

1	2	3	4	5
物価指数 価指数と	に関連し 消費者の	てよく問 実感が食	題となる い違うと	のは，物 いう点で

確認 あまり文意にとらわれると誤りが発見しにくくなるので注意したい。誤りをいち早くみつけるには逐一正本と対照することが大切である。

正答 (1)－4

26

○━━練 習 問 題━━○

（時間は無制限，全問解くこと）

次の問題のなかで，**手引**のなかの文字だけからなっている言葉がいくつあるか答えよ。

〔手 引〕　| ま　そ　わ　な　せ |

(1) わなせま―ゆなわせ―しせわま―わなます―せそまな
(2) ゆたせと―なほゆり―いなそま―せなわま―けなせま
(3) せまなわ―なそちせ―わなそせ―そなわせ―なまそわ
(4) ゆませそ―そたぬり―ねわたも―にけとは―わませな
(5) やくしま―そせまな―たなつせ―わまそせ―そなわま
(6) よそきた―せまそな―せわまそ―せしかに―になぬね
(7) まなせそ―わまなせ―ませわそ―そわなま―まわそせ
(8) ほゆまた―せぬちら―そなせま―らめせほ―わなそま
(9) なせそま―まわそな―せそまわ―そまわせ―わなませ
(10) せまなわ―ならそも―わほゆら―ほけこぬ―せわまな

〔手 引〕　| め　て　ろ　ひ　え |

(11) ろめてえ―えめひて―ろひてめ―せめらえ―てえめろ
(12) てひえし―けねのて―ひろえて―わぬりる―ろえめひ
(13) よひめて―てえめひ―せらみく―みせらく―てとめひ
(14) しよえう―うてめけ―ひてえろ―ろえめひ―えひてろ
(15) かよせむ―むかとよ―ひせむか―えひめて―むかとて
(16) てろえひ―めひてえ―えめひて―ろえてひ―ひろめて
(17) てとよめ―ろてえひ―ろてひめ―ろひめえ―てしかり
(18) とめひむ―めむよわ―ひろえて―ろえめひ―むせかと
(19) えめひろ―めてえろ―ろえひて―てえひめ―めひろて
(20) ひめてろ―るりろて―ろめえて―めえてひ―えひめろ

〔手 引〕　| け　る　よ　い　お |

(21) いけよお―せてもき―おこぬた―おるけい―よおるけ
(22) よけいる―さしるお―いよおけ―めさおく―けいよる

27

(23) もいせし―るいおけ―よいるお―けるおい―おいけよ

(24) とぬやり―およいる―めさけし―なりやさ―しめなか

(25) いよけお―るけよい―よけいる―おいけよ―いけおる

(26) おいけよ―よるけお―けよいお―おるけよ―るいけよ

(27) よとけい―ぬるいせ―しすよけ―けよおい―およるい

(28) けるよい―いおるけ―るおいよ―めいよけ―けいせよ

(29) いすめけ―けらいほ―るいよけ―せいらと―りぬはも

(30) おけよい―せぬめい―たいおぬ―いよおけ―たほめか

〔手引〕　　れ　　は　　ふ　　ね　　す

(31) すふれは―ふはれめ―すはふれ―ねほすむ―ぬむらめ

(32) はねれふ―ねれふす―はすふれ―ねすれは―れはねす

(33) ねすはふ―ほすねは―すねふは―とふねれ―すねはれ

(34) はねすれ―れすはら―ねふすれ―ふれすは―はふねす

(35) すふはね―ねはすれ―ふすはね―ねれふは―はれねふ

(36) はふすね―めねろす―ぬるすふ―るふすれ―すぬれる

(37) ぬえすれ―ねぬする―るすふね―ねすれふ―はすねれ

(38) ほすてね―すはねふ―はほめら―ぬろねら―るらねれ

(39) ぬすねほ―はすねれ―れはすね―ふすねは―ほふねれ

(40) ふすはれ―れすふほ―ねふれは―すれはね―ねはふす

　　次の左右の文を照合し，異なる文字の数を答えよ。ただし，全く同じ場合には 5 と記せ。

(41) 中央構造線は大断層線であ　　　中部講造線は大断層線であ

(42) 推測や意見を事実としない　　　推定と意見を事実としない

(43) 今吾輩が松の木に勢いよく　　　今吾輩が松の木に勢いよく

(44) 印象派の絵にあるような雲　　　印像派の画にあるような雲

(45) 青さを残したまま次の時代　　　青みを残したまま次の世代

(46) 散開星団の中にある一つ一　　　散門星群の中にある1つ1

(47) 警察での審問はわりに長く　　　警察での尋問はわりと長い

(48) 炎暑であっても八日は暦の　　　炎暑といっても八日は歴の

(49) 他の国民の存在を害うこと　　　他の人民の存在を損うこと

	左	右
(50)	大正の終わりに寺田寅彦が	大正の終わりに寺田虎彦が
(51)	中生代の地層からソテツの	中世代の地質からソテツに
(52)	蝸牛はその無力に絶望する	禍牛はその非力に絶望する
(53)	世の嗜好に投ずると一般の	世の志向に投じると全般の
(54)	雲と水面の鮮明な色彩がお	雲と水上の鮮烈な色合がそ
(55)	典型的な近代科学である分	典型的な現代科学である紛
(56)	お祝いと送別の会を兼ねて	お祝いと送別の会をかねて
(57)	脚下を照顧せよということ	脚元を照顧せよということ
(58)	直接の凝視力はいったいど	直接の凝視力はいったいど
(59)	電球だけ持ち帰っても発電	雷球だけ待ち帰っても変電
(60)	また嘴を粟の真ん中に落と	また嘴を栗のまん中に落と
(61)	考えの根拠となる具体的な	考えの根拠となる具体的な
(62)	この件でご不明な点がござ	この件にご不明な点がござ
(63)	個体維持と種族保存の基本	固体誰持と種旅保在の基本
(64)	病苦と闘いながらなにごと	病身と闘いながらなにごと
(65)	お嬢さんは上野に何があっ	お譲さんは上野で何があっ
(66)	自由な愛情と広やかな興味	白由な愛情と細やかな関心
(67)	小説家や戯曲家は人間と人	小説家と戯作者は人間と人
(68)	本日牛込地区では一部を除	本日牛入地域では一部を徐
(69)	一語の差し換えも一語の転	一語の差し替えも一字の転
(70)	途中で管理を放棄したとき	途上で菅理を放棄するとき
(71)	人間がことばで表現できる	人間がことばで表示できる
(72)	朝子の強い個性と美和子の	朝子の強い個性と美和子の
(73)	間違ったかなと思った私は	間違えたかなと思った私に
(74)	どんな職業でもそれは人間	どんな職業でもそれが人の
(75)	ちかごろ雨といえばすぐ水	ちかごろ雨といへばすぐ水
(76)	幾日も放ったらかしてあっ	磯日か放ったらかしてある
(77)	私は一瞬混乱したが親父が	私は一時困乱したが叔父が
(78)	夢殿の観世音像はだれかが	夢殿の観世音像はだれかが
(79)	文部省の教育課程審議会は	文部省の教育過程審義会は
(80)	翻って現在の緊急課題はと	翻って現在の緊急課題はと

29

次の正本と副本とを照合し，副本中の1～5のどこに誤りがあるか答えよ。

〔正　　本〕

	1	2	3	4	5
(81)	第1次大 がってい	戦の勃発 た離婚法	はその直 改正の機	前にかな 運を一時	り盛りあ 遠くへお
(82)	象徴とい ものであ	うものは って他人	あるもの に考えや	の代りに 感情を伝	使われる えようと
(83)	絵画につ の変貌に	いていえ はその自	ばセザン 己運動の	ヌ以後の 跡づけを	西欧絵画 しない限
(84)	そこでた た指をな	とえば食 めること	物を手づ や食後に	かみで食 ナイフや	べよごれ フォーク
(85)	屋根には になびい	一面に枯 てこの古	れ草のや い家が持	れ茎が折 ち主を変	からの風 えるほか
(86)	南の島々 調べた学	を訪れて 者の報告	そこに住 によると	む未開の 1，2と数	人たちを えること
(87)	ぐあいよ 門へ通ず	く私はか る構内の	さをもっ ひっそり	てでてき した歩道	たので正 をぬれず
(88)	その人ら い観察と	しい個性 正確な判	的な文章 断豊かな	を書くた 感受性を	めには鋭 養うこと
(89)	宴会の席 で照らし	は影をつ だされ人	くらぬ白 々はそつ	々とした なく屈託	あかるさ なくそし
(90)	しかし数 殖できし	年のうち かもやせ	に種子と 地にもよ	地下茎の く育つ多	両方で繁 年草のス
(91)	確かに話 者の自由	し合いと な意見の	いう言語 開陳や考	活動の形 え合いと	式は参加 いうこと

〔副　　本〕

1	2	3	4	5
第1次大 がってい	戦の勃発 た離婚法	はその直 改正の機	前にかな 会を一時	り盛りあ 遠くへお
象徴とい ものであ	うものは って他人	あるもの の考えや	の代りに 感情を伝	使われる えようと
絵画につ の変貌に	いていえ はその自	ばセザン 己運動の	ヌ以降の 跡づけを	西欧絵画 しない限
そこでた た指をな	とえば食 めること	物を手づ や食事に	かみで食 ナイフや	べよごれ フォーク
屋根には になびい	一面に枯 てその古	れ草のや い家が持	れ茎が折 ち主を変	からの風 えるほか
南の島々 調べた学	を訪ねて 者の報告	そこに住 によると	む未開の 1，2と数	人たちを えること
ぐあいよ 門へ通じ	く私はか る構内の	さをもっ ひっそり	てでてき した歩道	たので正 をぬれず
その人ら い観察と	しい個性 正確な判	的な文章 断豊かな	を書くた 感受性を	めには鋭 磨くこと
宴会の席 で照らし	は影をつ 出され人	くらぬ白 々はそつ	々とした なく屈託	あかるさ なくそし
しかし数 殖できし	年のうち かもやせ	に種子と 地にもよ	地下茎の く育つ多	両方で敏 年草のス
確かに話 者の自由	し合いと な意見の	いう言語 開陳や考	活動の形 え会いと	式は参加 いうこと

31

〔正　本〕

	1	2	3	4	5
(92)	当時エー本に来て	ル大学のいて活動	ロバート・家の何人	リフトンかと面接	教授が日し私は彼
(93)	本当の友の友人，学	達は多く校時代あ	の場合若るいは二	いときか十歳前後	らの年来のいわゆ
(94)	それを野ムで打っ	球のバッて畑の向	トでゴルこうの約	フみたい百メート	なフォールばかり
(95)	快楽はい粋な快楽	つも苦痛というの	と結びつはどこを	いているさがして	もので純もありま
(96)	そこで大行きそこ	糸線に乗からは山	り換え根口という	知という部落まで	小駅までバスに乗
(97)	騒音の中話のよう	に暮らすだがこの	現代人に単一への	はちょっ味到は対	と縁遠い象に没入
(98)	話していもにも空	る子ども想の世界	だけでながひらけ	く聞いててくるの	いる子どがわかる
(99)	ある大学顔の学生	の先生はが多いの	名まえをにたまり	呼ばれてかね返事	も知らぬをしなけ
(100)	方法論研然主義的	究者が反立場をと	自然主義るかある	的立場をいはまた	とるか自両方を結
(101)	文脈が言てもいう	葉の意味までもな	を決定すく1つ1	ることもつの言葉	あるとしが文脈を
(102)	過去とい望の異名	い未来とにすぎず	いいぼくこの生活	らには思感情のい	い出と希わば対称
(103)	たとえばお金があ	ローマにって一日	着いて自暇な時間	由に買物がとれた	ができる場合何が

〔副　　本〕

1	2	3	4	5
当事エー本に来て	ル大学のいて活動	ロバート・家の何人	リフトンかと面接	教授が日し私は彼
本当の友の友達，学	達は多く校時代あ	の場合若るいは二	いときか十歳前後	らの年来のいわゆ
それを野ムで打っ	球のバッて畑の向	ドでゴルこうの約	フみたい百メート	なフォールルばかり
快楽はい枠な快楽	つも苦痛というの	と結びつはどこを	いているさがして	もので純もありま
そこで大行きそこ	糸線に乗からは山	り換え根口という	加という部落まで	小駅までバスに乗
騒音の中話のよう	で暮らすだがこの	現代人に単一への	はちょっ味到は対	と縁遠い象に没入
話していもにも空	る子ども想の世界	だけでながひらけ	く聴いててくるの	いる子どがわかる
ある大学顔の学生	の先生はが多いの	名まえをにたまり	呼ばれてかね返事	も知らんをしなけ
方法論研然主義的	究者が反立場をと	自然主義るかある	的立場をいはまた	とるか自両者を結
文脈が言てもいう	葉の主義までもな	を決定すく1つ1	ることもつの言葉	あるとしが文脈を
過去とい望の異名	い未来とにすぎず	いいぼくこの生活	らには思感情のい	い出と希わば対照
たとえばお金があ	ローマにって一日	着いて自暇な時間	由な買物がとれた	ができる場合何が

〔正　本〕

	1	2	3	4	5
(104)	手続の瑕 なり重要	疵はその な手続の	手続の性 違背が行	質により 政行為の	効果が異 実体的結
(105)	私がエベ ったが世	レストを 界の最高	初めて見 峰という	たのは一 のはやは	年前であ り見るだ
(106)	コンピュ の能力が	ーター出 絶対であ	現のころ ることを	その能力 象徴して	特に計算 これを人
(107)	たなばた めにかさ	の夜天の さぎを思	川で会う い出した	彦星と織 からなの	女星のた であろう
(108)	僧として うなれば	の修行に 回り道と	も職人と も見える	しての訓 作業が所	練にもい 期の目標
(109)	目録本の あさまし	解説文も いのや投	陳腐なの げやりな	や的はず のじつに	れなのや さまざま
(110)	物理学は に進みそ	普遍的な して非常	法則の追 な発展を	求に向か したわけ	って一途 ですがそ
(111)	陸半球の 付近で水	中心はフ 半球の中	ランスの 心はニュ	ロアール ージーラ	河の河口 ンド東方
(112)	あまりに 離れ一般	も高度に の人びと	発達した の思考の	機械は人 わくを越	間の側を え複雑な
(113)	ウィード ると夢の	及びフロ 58％は不	ーレンス 快な夢で	ハラムの ほんとう	統計によ に快感を
(114)	願望の側 に人間は	からでは 変わり得	なくむし るのかあ	ろ逆にど るいは変	ん な場合 わってき
(115)	むろんな たずに生	んらかの きること	形で人間 は不可能	が生活の であるわ	規準を持 けですが

1	2	3	4	5
手続の瑕なり重要	疵はそのな手続の	手続の性違反が行	質により政行為の	効果が異実体的結
私がエベったが世	レストを界の最高	初めて見峰という	たのは一のはやは	年前であり見るの
コンピュの能力が	ーター出絶対であ	現のころることを	その能力象徴して	特に計算これを人
たなばためにかき	の夜天のさぎを思	川で会うい出した	彦星と織からなの	女星のたであろう
僧としてうなれば	の修業に回り道と	も職人とも見える	しての訓作業が所	練にもい期の目標
目録本のあさまし	解説文もいのや投	陳腐なのげやりな	や的はづのじつに	れなのやさまざま
物理学はに進みそ	普遍的なして非常	法則の追に発展を	求に向かしたわけ	って一途ですがそ
陸半球の付近で水	中心はフ半球の中	ランスの心はニュ	ロワールージーラ	河の河口ンド東方
あまりに離れ一般	も高度にの人びと	発達したの思考の	機械は人わくを越	間の側をえ復雑な
ウィードると夢の	及びフロ58％は不	ーレンス快な夢で	ハラムのほんとう	統計による快感を
願望の側に人間は	からでは変わり得	なくむしるのかあ	ろ逆にどるいは変	んな場合わってい
むろんなてずに生	んらかのきること	形で人間は不可能	が生活のであるわ	規準を持けですが

〔正　　本〕

	1	2	3	4	5
(116)	環境庁は 次第自然	ヤンバル 環境保全	クイナの 審議会鳥	生息実態 獣部会に	をつかみ 諮り特殊
(117)	昔に比べ 限されて	ればお話 いるけれ	にならな どアメリ	いほど小 カ社会は	人数に制 毎年新し
(118)	咲耶の話 の兄が中	だと剣道 学のころ	具は大阪 使ったも	に住んで のだとい	いる彼女 うことだ
(119)	わが国に 転するの	はじめて は新体詩	鉄道を敷 や口語文	設し紡績 をつくる	工場を運 よりごま
(120)	脱衣場の 周囲に散	小屋掛け らばって	のよしず いる紙く	も半ばは ずが目立	がれその ってくる

〔副　　本〕

1	2	3	4	5
環境庁は 次第自然	ヤンバル 還境保全	クイナの 審議会鳥	生息実態 獣部会に	をつかみ 諮り特殊
昔に比べ 限されて	るとお話 いるけれ	にならな どアメリ	いほど小 カ社会は	人数に制 毎年新し
咲取の話 の兄が中	だと剣道 学のころ	具は大阪 使ったも	に住んで のだとい	いる彼女 うことだ
わが国に 転するの	はじめて は新体詩	鉄道を敷 や口語文	設し紡積 をつくる	工場を運 よりごま
脱衣場の 周囲に散	小屋掛け らばって	のよしず いる紙く	も半ばは ずが目立	ずれその ってくる

37

4日目　照合〈練習問題〉正答

(1) － 2	(2) － 1	(3) － 4	(4) － 1	(5) － 3	(6) － 2
(7) － 5	(8) － 2	(9) － 5	(10) － 2	(11) － 4	(12) － 2
(13) － 1	(14) － 3	(15) － 1	(16) － 5	(17) － 3	(18) － 2
(19) － 5	(20) － 4	(21) － 3	(22) － 3	(23) － 4	(24) － 1
(25) － 5	(26) － 5	(27) － 2	(28) － 3	(29) － 1	(30) － 2
(31) － 2	(32) － 5	(33) － 3	(34) － 4	(35) － 5	(36) － 1
(37) － 2	(38) － 1	(39) － 3	(40) － 4	(41) － 2	(42) － 2
(43) － 5	(44) － 2	(45) － 2	(46) － 4	(47) － 3	(48) － 3
(49) － 2	(50) － 1	(51) － 3	(52) － 2	(53) － 4	(54) － 4
(55) － 3	(56) － 1	(57) － 1	(58) － 5	(59) － 3	(60) － 2
(61) － 5	(62) － 2	(63) － 4	(64) － 1	(65) － 2	(66) － 4
(67) － 3	(68) － 3	(69) － 2	(70) － 4	(71) － 1	(72) － 5
(73) － 2	(74) － 2	(75) － 1	(76) － 3	(77) － 3	(78) － 5
(79) － 2	(80) － 5	(81) － 4	(82) － 3	(83) － 4	(84) － 3
(85) － 2	(86) － 2	(87) － 1	(88) － 5	(89) － 2	(90) － 5
(91) － 4	(92) － 1	(93) － 1	(94) － 3	(95) － 1	(96) － 4
(97) － 2	(98) － 4	(99) － 5	(100) － 5	(101) － 2	(102) － 5
(103) － 4	(104) － 3	(105) － 5	(106) － 4	(107) － 1	(108) － 2
(109) － 4	(110) － 3	(111) － 4	(112) － 5	(113) － 5	(114) － 5
(115) － 1	(116) － 2	(117) － 2	(118) － 1	(119) － 4	(120) － 5

セルフチェック

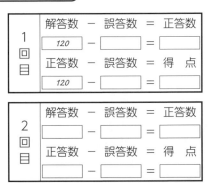
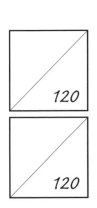

38

5日目 図形把握

日	月	火	水	木	金	土
※	2	3	4	5	6	7
8	9	10	11	12	13	14
15						

→ 受験者の図形把握能力を調べる形式の問題である。与えられた図形と同じ図形や異なった図形を選ぶ問題が中心であるが，さまざまな形式のものが多く出されている。それでなくても図形の問題は慣れるのに時間がかかるので，十分練習しておきたい。そのため今回は，他の回に比べて分量がかなり多いが，頑張って取り組んでほしい。

○─基 本 例 題─○

例題 **1.** 次の左の図と同じ形で向きだけかえたものを，1〜5から選べ。たとえば(1)では，1の図が左の図と同じなので，正答は1となる。

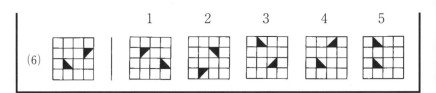

確認 与えられた図形と同じものを選ぶ TYPE の典型的な問題例である。この問題では，2つの黒い三角形の位置が，回転によりどのような状態になるかを判断しなければならない。何よりも，回転させた図形を想像する力が必要となるが，図形の見方を工夫すれば解きやすくなる。たとえば，1つの三角形に注目して，それを回転させた状態として適切なものを選び，そして，もう1つの三角形との位置関係を考えてゆく方法などがある。また，(2)では，2つの三角形が平行四辺形を作っているので，1まとまりで考えていけばよいだろう。三角形の辺や頂点が，正方形の外側の辺と接しているかいないかなどは，重要な目印となる。このような問題は苦手とする人が多いが，コツコツと練習を重ねることによって，自分なりのコツを習得しておこう。

正答 (1)－1 (2)－3 (3)－2 (4)－3 (5)－4 (6)－3

例題 **2.** 次の左の図と同じ形で向きだけかえたものを，1～5から選べ。たとえば(1)では，2の図が左の図と同じなので，正答は2となる。

	1	2	3	4	5
(1)					
(2)					
(3)					

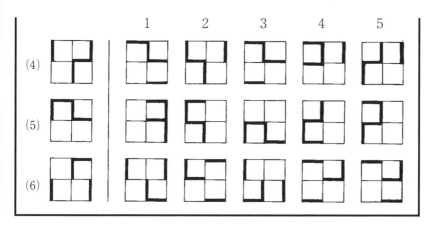

[確認]　比較的単純な図形なので，ひと目でわかるものも中にはあるが，かなり紛らわしいものもあるので，練習を重ねてコツをつかんでほしい。たとえば(1)では，3がもとの図形とちょうど鏡像関係になっているので，間違わないように。また，太い線が細い線の右側に来ているのか，左側に来ているのかも，うっかりすると見間違うので注意しよう。あくまで正確さとスピードを念頭において，練習を重ねていこう。

[正答]　(1)− 2　(2)− 1　(3)− 4　(4)− 3　(5)− 4　(6)− 2

[例題]　**3.**　次の左の図と異なるものを，1〜5から選べ。たとえば(1)では，4の図が左の図と異なるので，正答は4となる。

	1	2	3	4	5
(1)					
(2)					
(3)					

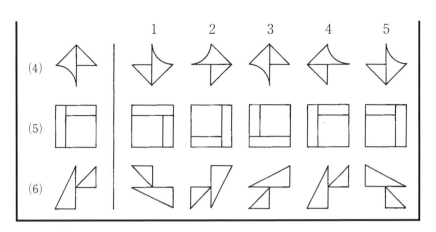

与えられた図形と異なるものを選ぶ TYPE の典型的な問題例である。このような形式の問題を解く場合も，前の場合と基本的には要領は同じである。特にこの形式では，同じ図形はもとの図形を回転させたもので，選ぶべき異なる図形が，もとの図形と鏡像関係になっている場合が大部分を占めている。したがって，図形を回転した状態や鏡にうつした状態を正確に思い描く力が何より必要となる。ひと目でわかるものもあるが，中には複雑な図形も多々見受けられるので，やはりそれなりの工夫を要する。たとえば，与えられた図形のある部分に着目して，それを頭の中で回転させ，その上で他の部分との関係を考えてみるなど，各自，自分なりの方法をつかむつもりで十分練習を積んでほしい。また，(3)では，異なる図形は 2 であるが，これは鏡像関係でも何でもない。こういう問題もいくつかあるので，即座に解答して，確実に点をとりたいものだ。いずれにせよ，迅速さと正確さが合格の鍵となる。

正答 (1)－4 (2)－3 (3)－2 (4)－4 (5)－5 (6)－3

例題 **4.** 次のアルファベットとカタカナの組を手引に従って点に置きかえ，それらを結んでできる図形は 1 〜 5 のどれか。たとえば(1)では，手引に従ってできる図形は 2 と同じなので，正答は 2 である。

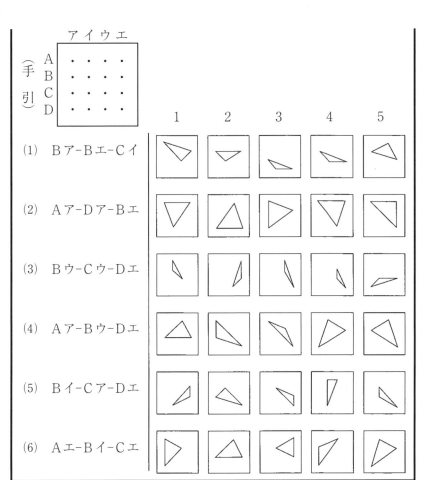

確認　本問は，回転操作が不要なため一見単純そうだが，やり始める
と意外に手間がかかる形式であるかもしれない。本問では，他の図
形と見比べるという手法が非常に有効である。つまり，例えば(4)に
おいて，1の左端の点と右端の点がB行にあるのかC行にあるのか
分かりにくいが，4の右端の点などと比べることにより，C行にあ
ると結論付けられる。このように少しの工夫で，スピードと正確性
を飛躍的に向上させられる例は，公務員試験のみならず，日常生活
のあらゆる場面で見られるのではないだろうか。

正答　(1)－2　(2)－3　(3)－4　(4)－3　(5)－2　(6)－3

例題 **5.** 次の図形が手引の1～5のどの欄に含まれるかを答えよ。たとえば，(1)では，4の欄に含まれるので，正答は4となる。

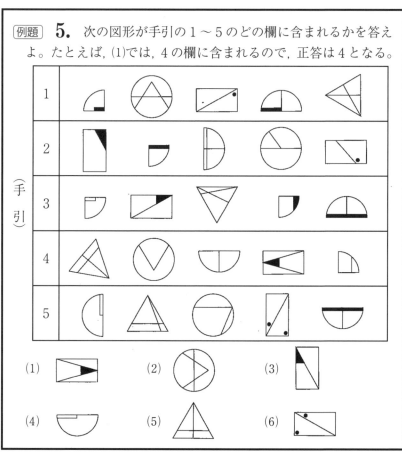

確認 図形把握の問題というよりは，むしろ分類の問題に近い問題である。本問の解法としては，まず似た図形同士をそれぞれの欄から選び出すというのが考えられる。例えば(1)だと，外側が長方形で一部分が黒く塗ってある図形として，2の左端の図形，3の左から2番目の図形，4の右から2番目の図形を選び，そこから4の右から2番目の図形を選ぶのである。もちろん問題の図形は，手引の図形を回転させたものばかりであるので，頭の中で図形を回転させるという操作が必要となる。

正答 (1)―4 (2)―1 (3)―3 (4)―5 (5)―4 (6)―5

[例題] **6.** 図(A)のような図形が図Bのような方向に置き換えられたとき，斜線で隠された部分はどうなっているか。一致するものを右側の１〜５から選べ。たとえば(1)では，１の図形が斜線で隠された部分と一致するので，正答は１である。

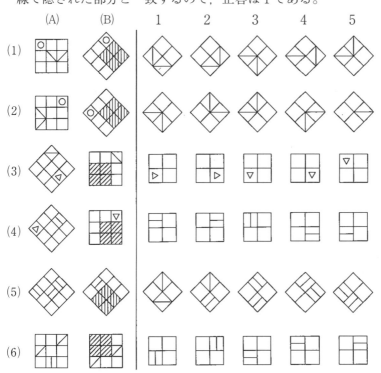

[確認] 一見複雑そうに見える出題形式である。確かに(A)を回転させて(B)に一致させようとすると，時間もかかるし間違いやすい。逆に１〜５の図形を斜線部にあてはめていくと，同じ図形を選ぶ問題に帰着されることに気付くだろう。図形の問題で向きや角度を変えたものがよく出されるが，本問のように既出の形式の応用したものばかりである。その意味でも，いろいろな形式のものに慣れておく必要があろう。

[正答] (1)− 1　(2)− 4　(3)− 2　(4)− 5　(5)− 3　(6)− 2

（時間は無制限，全問解くこと）

次の左の図と同じ形で向きだけかえたものを，1〜5から選べ。

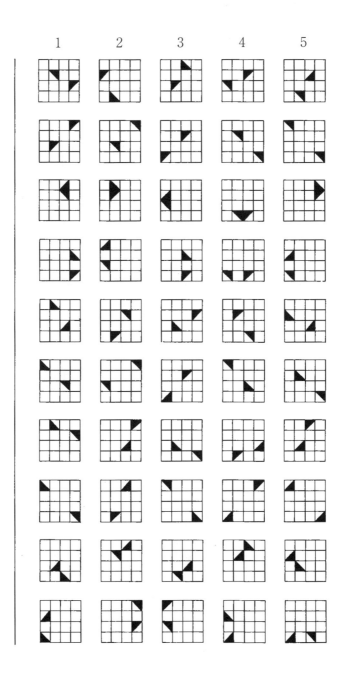

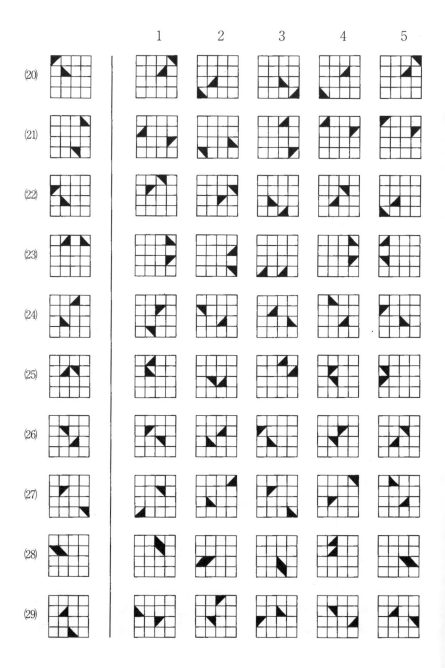

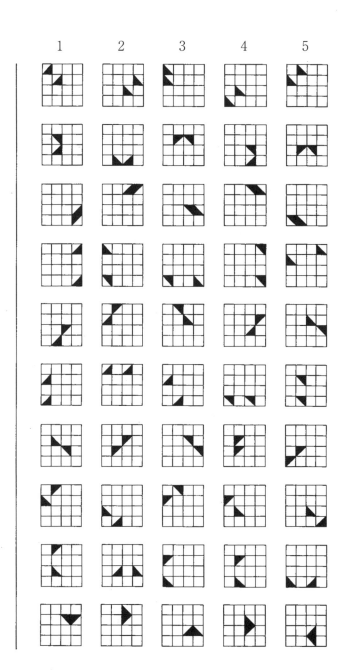

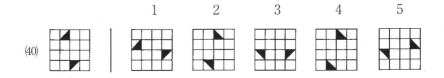

次の左の図と同じ形で向きだけかえたものを，1～5から選べ。

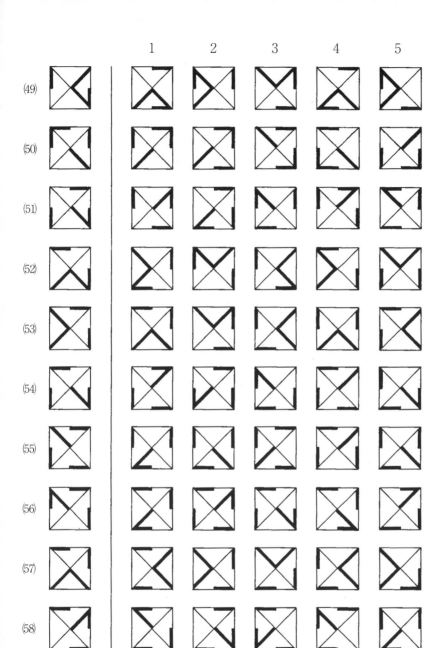

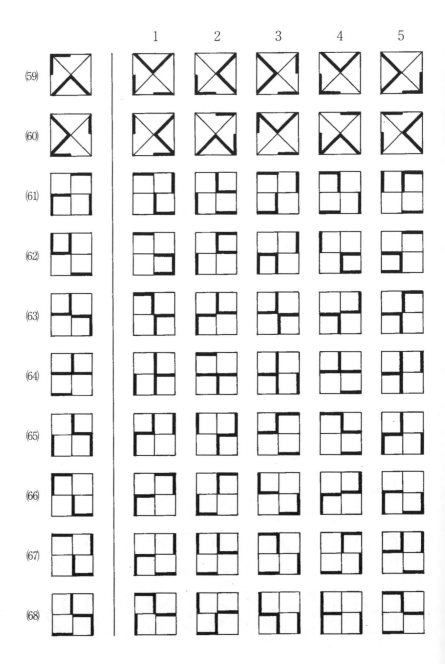

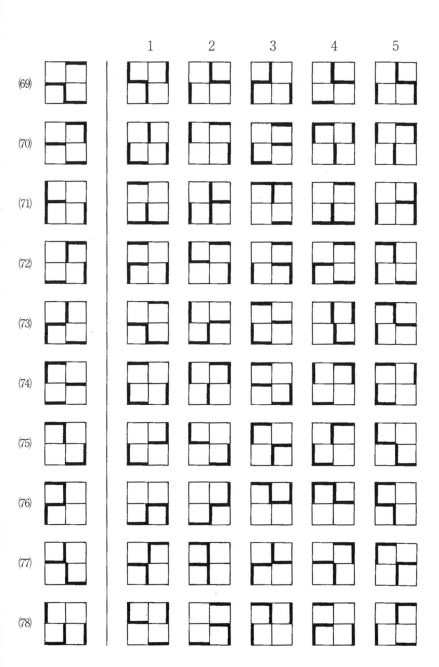

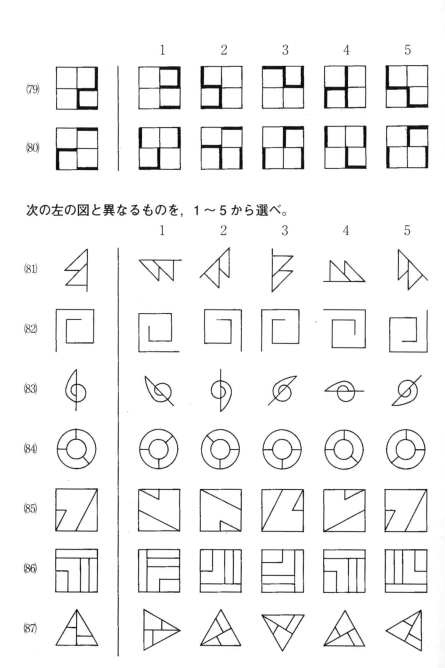

(79)

(80)

次の左の図と異なるものを，1〜5から選べ。

(81)

(82)

(83)

(84)

(85)

(86)

(87)

54

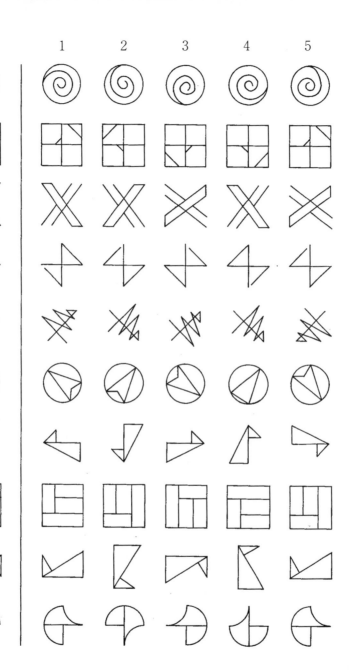

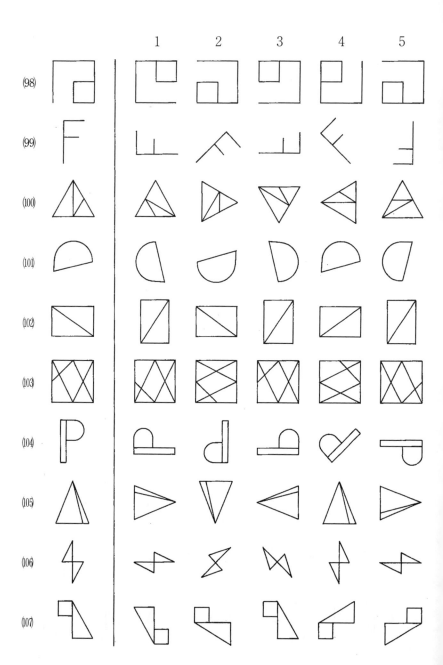

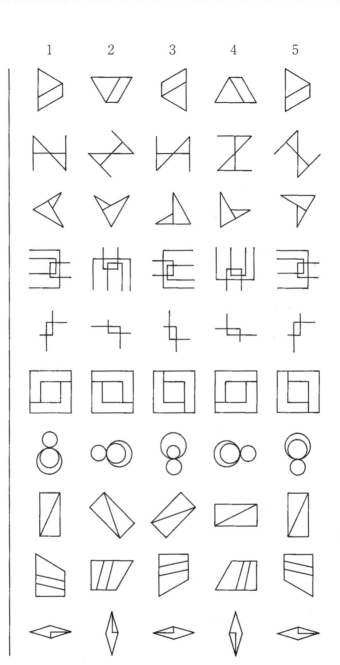

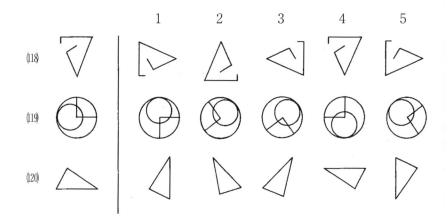

○─(練 習 問 題 2)─○

（時間は無制限，全問解くこと）

次のアルファベットとカタカナの組を手引に従って点に置きかえ，それらを結んでできる図形は1〜5のどれか。

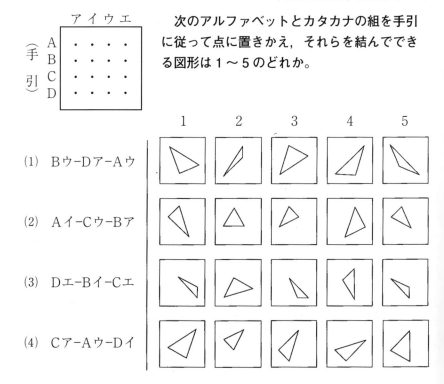

58

		1	2	3	4	5
(5)	Aエ-Dウ-Dア					
(6)	Dイ-Aイ-Cウ					
(7)	Cエ-Aア-Dイ					
(8)	Bイ-Aア-Cイ					
(9)	Dエ-Aウ-Dア					
(10)	Bア-Bウ-Cエ					
(11)	Dウ-Cア-Cエ					
(12)	Aア-Dエ-Bア					
(13)	Bイ-Dエ-Cア					
(14)	Aエ-Cイ-Bア					

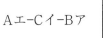

59

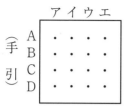

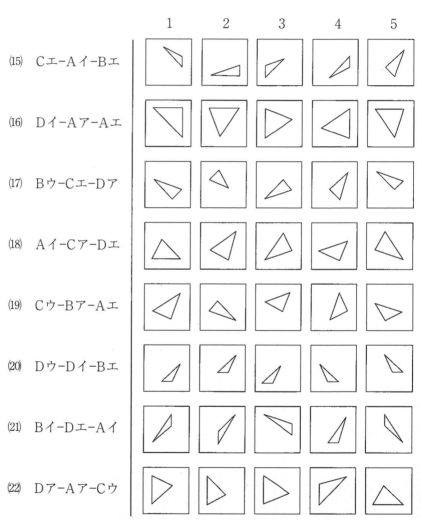

(15) Cエ-Aイ-Bエ

(16) Dイ-Aア-Aエ

(17) Bウ-Cエ-Dア

(18) Aイ-Cア-Dエ

(19) Cウ-Bア-Aエ

(20) Dウ-Dイ-Bエ

(21) Bイ-Dエ-Aイ

(22) Dア-Aア-Cウ

		1	2	3	4	5
(23)	Ｂエ－Ａウ－Ｄア					
(24)	Ｃア－Ｃイ－Ａエ					
(25)	Ａイ－Ｂイ－Ａア					
(26)	Ｄエ－Ａウ－Ｃウ					
(27)	Ａア－Ｂエ－Ｄイ					
(28)	Ｂウ－Ｄア－Ａア					
(29)	Ｃイ－Ａエ－Ｄエ					
(30)	Ｂア－Ｃア－Ａウ					
(31)	Ｄア－Ｂウ－Ｄエ					
(32)	Ｃエ－Ａイ－Ｄウ					

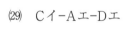

61

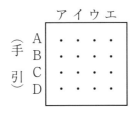

（手引）

	ア	イ	ウ	エ
A	・	・	・	・
B	・	・	・	・
C	・	・	・	・
D	・	・	・	・

	1	2	3	4	5
(33) Aア-Dア-Dウ					
(34) Cエ-Bイ-Cイ					
(35) Aウ-Dイ-Bエ					
(36) Dエ-Cア-Aア					
(37) Bウ-Bエ-Cウ					
(38) Cア-Bエ-Dイ					
(39) Aエ-Aア-Bエ					
(40) Aイ-Dウ-Cエ					

62

次の図形が手引の1～5のどの欄に含まれるか答えよ。

（手引）

1	
2	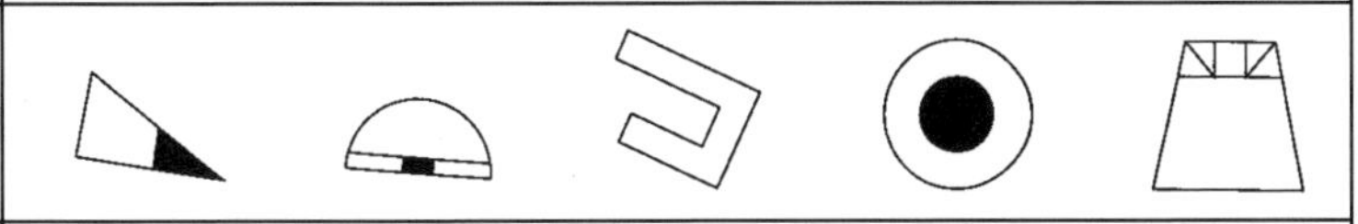
3	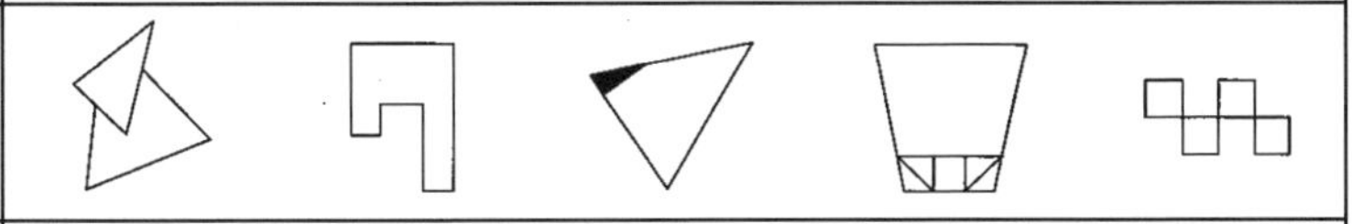
4	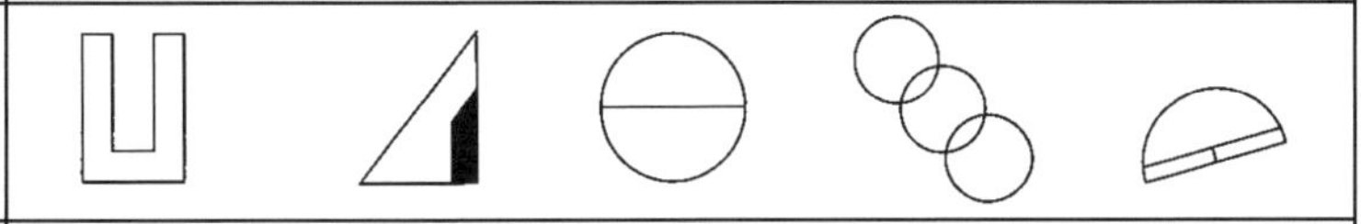
5	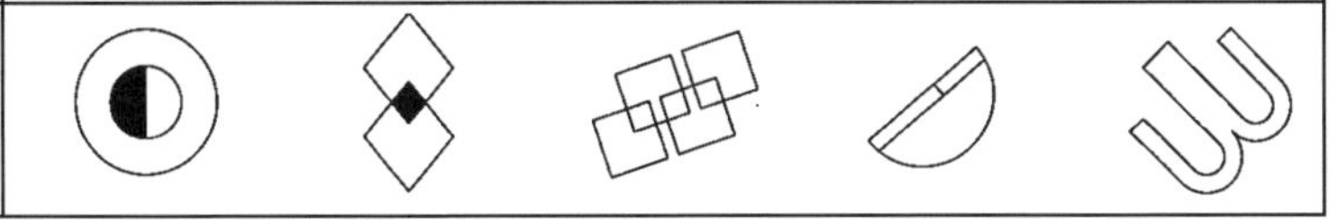

(41)

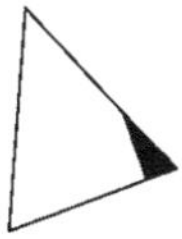

(42)

(43)

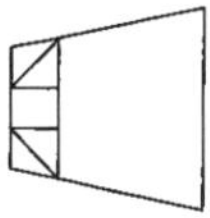

(44)

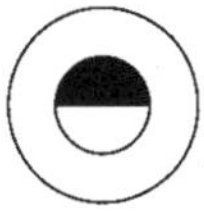

(45)

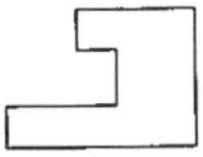

(46)

(47)

(48)

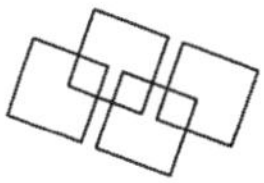

(49)

(50)

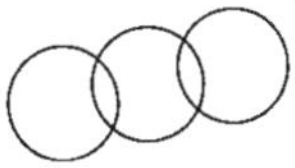

63

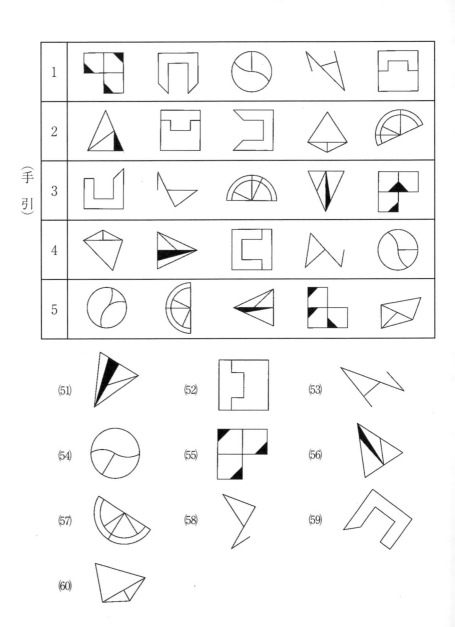

(手引)

(51)

(52)

(53)

(54)

(55)

(56)

(57)

(58)

(59)

(60)

64

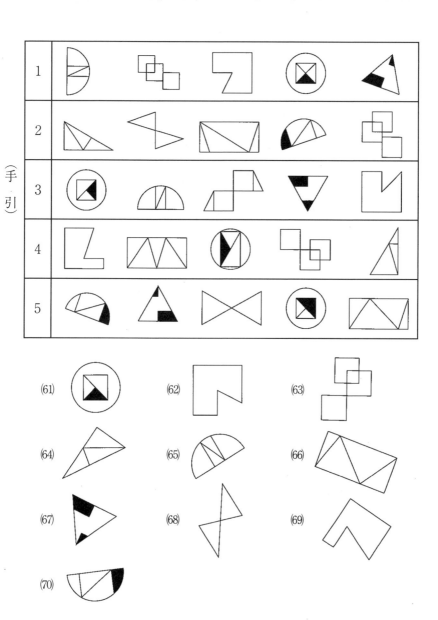

（手引）

1					
2					
3					
4					
5					

(61)

(62)

(63)

(64)

(65)

(66)

(67)

(68)

(69)

(70)

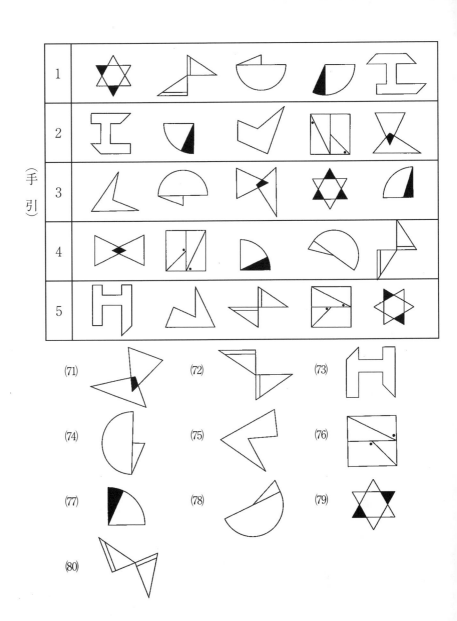

図(A)のような図形が図(B)のような方向に置き換えられたとき，斜線で隠された部分はどうなっているか。一致するものを，右側の1〜5から選べ。

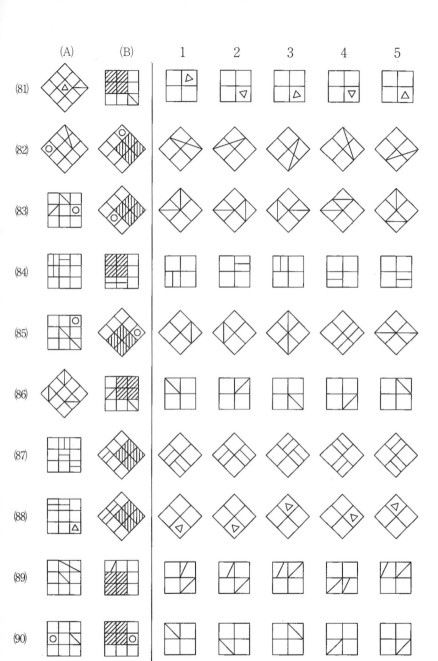

67

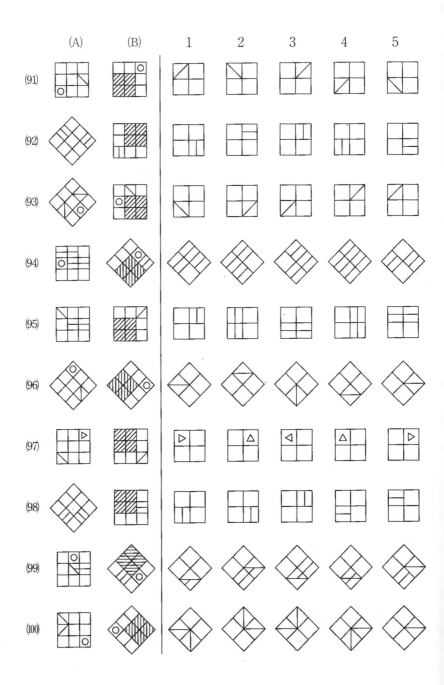

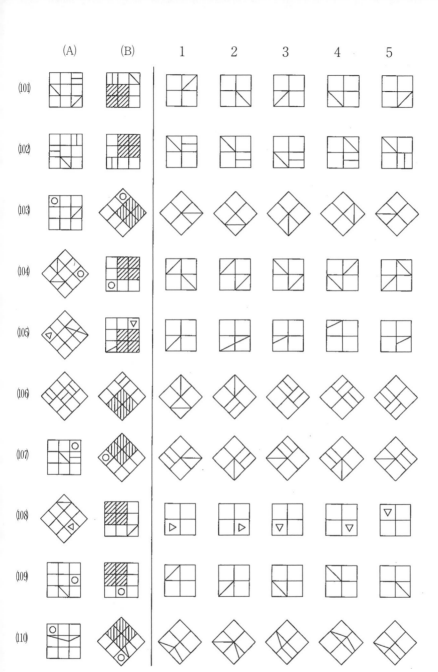

5 日目　図形把握 〈練習問題1〉 正答

(1) − 3	(2) − 1	(3) − 2	(4) − 1	(5) − 4	(6) − 3
(7) − 2	(8) − 3	(9) − 5	(10) − 4	(11) − 3	(12) − 1
(13) − 5	(14) − 2	(15) − 4	(16) − 1	(17) − 3	(18) − 2
(19) − 3	(20) − 2	(21) − 4	(22) − 1	(23) − 5	(24) − 2
(25) − 4	(26) − 2	(27) − 1	(28) − 5	(29) − 3	(30) − 1
(31) − 3	(32) − 2	(33) − 2	(34) − 3	(35) − 4	(36) − 2
(37) − 3	(38) − 4	(39) − 2	(40) − 5	(41) − 3	(42) − 5
(43) − 3	(44) − 2	(45) − 2	(46) − 1	(47) − 4	(48) − 4
(49) − 4	(50) − 2	(51) − 3	(52) − 1	(53) − 3	(54) − 1
(55) − 4	(56) − 5	(57) − 2	(58) − 3	(59) − 2	(60) − 3
(61) − 4	(62) − 2	(63) − 5	(64) − 3	(65) − 3	(66) − 1
(67) − 1	(68) − 2	(69) − 3	(70) − 4	(71) − 4	(72) − 2
(73) − 5	(74) − 2	(75) − 1	(76) − 3	(77) − 3	(78) − 2
(79) − 3	(80) − 4	(81) − 2	(82) − 2	(83) − 4	(84) − 3
(85) − 4	(86) − 2	(87) − 4	(88) − 2	(89) − 4	(90) − 2
(91) − 3	(92) − 3	(93) − 4	(94) − 3	(95) − 4	(96) − 2
(97) − 3	(98) − 3	(99) − 3	(100) − 2	(101) − 5	(102) − 4
(103) − 1	(104) − 3	(105) − 1	(106) − 4	(107) − 2	(108) − 2
(109) − 3	(110) − 4	(111) − 2	(112) − 3	(113) − 2	(114) − 3
(115) − 4	(116) − 3	(117) − 5	(118) − 5	(119) − 2	(120) − 3

セルフチェック

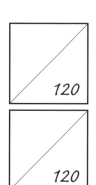

5日目 図形把握 〈練習問題 2〉 正答

(1) − 2	(2) − 5	(3) − 1	(4) − 3	(5) − 2	(6) − 1
(7) − 4	(8) − 5	(9) − 3	(10) − 5	(11) − 1	(12) − 4
(13) − 4	(14) − 5	(15) − 1	(16) − 2	(17) − 3	(18) − 5
(19) − 3	(20) − 1	(21) − 5	(22) − 2	(23) − 4	(24) − 1
(25) − 4	(26) − 1	(27) − 3	(28) − 2	(29) − 5	(30) − 5
(31) − 4	(32) − 4	(33) − 5	(34) − 3	(35) − 1	(36) − 5
(37) − 2	(38) − 2	(39) − 3	(40) − 2	(41) − 1	(42) − 1
(43) − 3	(44) − 5	(45) − 3	(46) − 5	(47) − 2	(48) − 5
(49) − 2	(50) − 4	(51) − 4	(52) − 2	(53) − 1	(54) − 4
(55) − 1	(56) − 3	(57) − 5	(58) − 3	(59) − 3	(60) − 4
(61) − 3	(62) − 1	(63) − 4	(64) − 2	(65) − 1	(66) − 5
(67) − 5	(68) − 2	(69) − 4	(70) − 2	(71) − 3	(72) − 4
(73) − 2	(74) − 3	(75) − 5	(76) − 4	(77) − 2	(78) − 4
(79) − 5	(80) − 1	(81) − 2	(82) − 5	(83) − 5	(84) − 1
(85) − 3	(86) − 5	(87) − 1	(88) − 4	(89) − 5	(90) − 2
(91) − 2	(92) − 5	(93) − 3	(94) − 1	(95) − 4	(96) − 4
(97) − 4	(98) − 3	(99) − 1	(100) − 2	(101) − 5	(102) − 2
(103) − 2	(104) − 1	(105) − 3	(106) − 3	(107) − 4	(108) − 3
(109) − 2	(110) − 1	(111) − 3	(112) − 2	(113) − 5	(114) − 4
(115) − 1	(116) − 1	(117) − 2	(118) − 5	(119) − 3	(120) − 4

セルフチェック

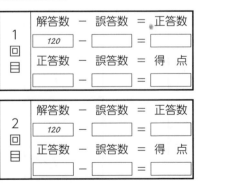
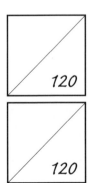

実 戦コース

●このコースは，実際の試験（国家，県・政令指定都市）と同一の出題形式・内容となっている。よって，まずは「解答の手順」をじっくり読み，解き方を理解すること。次に，時計を用意し，制限時間 15 分で 120 題にアタックする。

6日目 TEST 1

(解答の手順)

[**検査例Ⅰ**] 次の式を計算し，その結果を答えよ。たとえば，
[例題] **1.** を計算すると，3になるので正答は3。また，[例題] **2.**
も同様に計算すると4になるので，正答は4となる。

[例題] **1.**　$5 + 3 \times 4 \div 6 - 4$

[例題] **2.**　$4 \times 8 - 5 \times 5 - 3$

[**検査例Ⅱ**] 左の図形と異なるものを，1〜5から選べ。たとえば，
[例題] **3.** を見ると，3の図形が左の図形と異なるので，正答は3。
また，[例題] **4.** も同様に見ると，2の図形が左の図形と異なる
ので，正答は2となる。

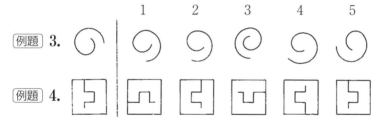

[**検査例Ⅲ**] 次の左右の文を照合して，異なる文字の数を答えよ。
ただし，まったく同じ場合は，5とする。たとえば，[例題] **5.** では，
「間」と「が」の2つの文字が異なるので，正答は2。[例題] **6.** は，
まったく同じなので，正答は5となる。

[例題] **5.**

　　情報公開制度の確立を要求　　　情報公間制度が確立を要求

[例題] **6.**

　　わが国の労働時間は高度経　　　わが国の労働時間は高度経

(1)　$3 \times 6 \div 2 - 3 - 5$　　　(6)　$1 + 3 \times 10 \div 6 - 4$

(2)　$11 - 2 \times 5 + 9 \div 3$　　　(7)　$9 \div 3 \times 2 - 4 + 1$

(3)　$6 \times 6 - 4 \times 8 + 1$　　　(8)　$24 - 4 \times 6 + 7 \div 7$

(4)　$5 - 6 \times 6 \div 9 + 2$　　　(9)　$10 \div 5 \times 8 - 6 - 8$

(5)　$4 \div 2 + 7 - 12 \div 3$　　　(10)　$14 - 24 \div 3 - 8 \div 4$

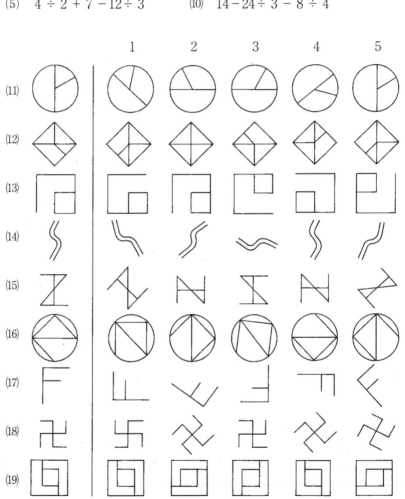

解答用マークシート欄

	1	2	3	4	5
(1)					
(2)					
(3)					
(4)					
(5)					
(6)					
(7)					
(8)					
(9)					
(10)					
(11)					
(12)					
(13)					
(14)					
(15)					
(16)					
(17)					
(18)					
(19)					

	1	2	3	4	5
(20)						

(21)	この日は朝から好天とあっ	この日の朝から好天とあっ
(22)	覚書によると派遣される研	覚書によると派遣された砕
(23)	イタリア旅客機墜落事故を	イベリア旅客機墜落事件の
(24)	この展覧会に来日したスペ	この展覧会に来日したスペ
(25)	北半球では太陽の高さが一	南半球での太陽の高さが一
(26)	そっとくつ下にプレゼント	そっとくつ下にプレゼント
(27)	今は和洋食器厨房器具等が	今の和洋食器厨房道具寺に
(28)	文化センターを利用する主	文化センターが利用した主
(29)	最近は和風電気がさが買い	最近の洋風電気がさを買う
(30)	専門家について三年間修業	専門職について二年間修業

(31)	$8 + 4 \div 2 \times 5 - 16$	(36)	$4 - 6 \times 6 \div 9 + 1$
(32)	$5 \times 6 - 8 \times 3 - 5$	(37)	$3 \times 8 \div 4 - 5 + 2$
(33)	$11 - 5 \times 6 \div 10 - 3$	(38)	$6 - 15 \div 3 + 16 \div 4$
(34)	$3 \times 7 - 5 \times 4 + 2$	(39)	$7 \times 7 - 9 \times 5 - 2$
(35)	$12 - 20 \div 2 + 12 \div 6$	(40)	$13 + 18 \div 2 - 3 \times 6$

	1	2	3	4	5
(41)						
(42)						
(43)						

解答用マークシート欄

	1	2	3	4	5
(20)	⊏⊐	⊏⊐	⊏⊐	⊏⊐	⊏⊐
(21)	⊏⊐	⊏⊐	⊏⊐	⊏⊐	⊏⊐
(22)	⊏⊐	⊏⊐	⊏⊐	⊏⊐	⊏⊐
(23)	⊏⊐	⊏⊐	⊏⊐	⊏⊐	⊏⊐
(24)	⊏⊐	⊏⊐	⊏⊐	⊏⊐	⊏⊐
(25)	⊏⊐	⊏⊐	⊏⊐	⊏⊐	⊏⊐
(26)	⊏⊐	⊏⊐	⊏⊐	⊏⊐	⊏⊐
(27)	⊏⊐	⊏⊐	⊏⊐	⊏⊐	⊏⊐
(28)	⊏⊐	⊏⊐	⊏⊐	⊏⊐	⊏⊐
(29)	⊏⊐	⊏⊐	⊏⊐	⊏⊐	⊏⊐
(30)	⊏⊐	⊏⊐	⊏⊐	⊏⊐	⊏⊐
(31)	⊏⊐	⊏⊐	⊏⊐	⊏⊐	⊏⊐
(32)	⊏⊐	⊏⊐	⊏⊐	⊏⊐	⊏⊐
(33)	⊏⊐	⊏⊐	⊏⊐	⊏⊐	⊏⊐
(34)	⊏⊐	⊏⊐	⊏⊐	⊏⊐	⊏⊐
(35)	⊏⊐	⊏⊐	⊏⊐	⊏⊐	⊏⊐
(36)	⊏⊐	⊏⊐	⊏⊐	⊏⊐	⊏⊐
(37)	⊏⊐	⊏⊐	⊏⊐	⊏⊐	⊏⊐
(38)	⊏⊐	⊏⊐	⊏⊐	⊏⊐	⊏⊐
(39)	⊏⊐	⊏⊐	⊏⊐	⊏⊐	⊏⊐
(40)	⊏⊐	⊏⊐	⊏⊐	⊏⊐	⊏⊐
(41)	⊏⊐	⊏⊐	⊏⊐	⊏⊐	⊏⊐
(42)	⊏⊐	⊏⊐	⊏⊐	⊏⊐	⊏⊐
(43)	⊏⊐	⊏⊐	⊏⊐	⊏⊐	⊏⊐

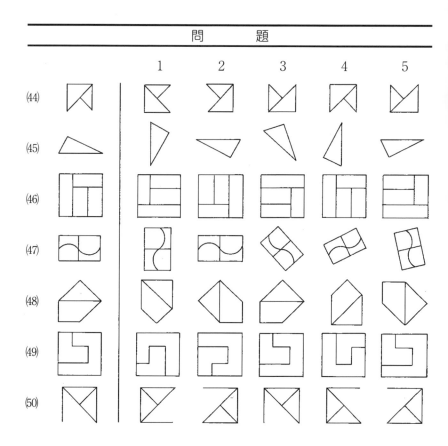

⑸ 東京台東区浅草通りといえ　　　東京台東区浅草町のといえ
⒇ 第17回全国大学ラグビー選　　　第17回全国大学ラグビー選
⒀ こうした言葉の問題は教育　　　こうする言語の問題で教育
⒁ 黄色い花粉が手の上に落ち　　　黄色い花粉が手の上で落ち
⒂ 会話と同じように楽しい雰　　　会話と同じような楽しみ雰
⒃ これらの勧告は個人および　　　これらの勧告が個人およそ
⒄ 冬の闇に静かな団結を示し　　　冬の闇に静かな団結を示し
⒅ 同社は当初より赤字続きで　　　同社は当初より赤字読きで
⒆ 現在の医学では治療はおろ　　　現実で医学での治療はおろ
⒇ それぞれの意見がまとまら　　　それぞれが意志のまとまら

	1	2	3	4	5
(44)					
(45)					
(46)					
(47)					
(48)					
(49)					
(50)					
(51)					
(52)					
(53)					
(54)					
(55)					
(56)					
(57)					
(58)					
(59)					
(60)					

実戦コース

6日目　TEST 1

(61)　$15 - 40 \div 5 \div 4 - 10$

(62)　$3 \times 6 - 9 \times 1 - 4$

(63)　$11 + 24 \div 8 - 2 \times 5$

(64)　$45 \div 3 \div 5 - 3 + 1$

(65)　$7 \times 6 - 4 \times 10 + 2$

(66)　$8 - 3 \times 2 \div 6 - 2$

(67)　$10 + 9 \div 3 - 5 \times 2$

(68)　$4 \times 6 - 7 \times 3 - 1$

(69)　$5 \times 4 - 3 - 4 \times 4$

(70)　$9 \div 3 \times 4 - 7 - 3$

解答用マークシート欄

	1	2	3	4	5
(61)					
(62)					
(63)					
(64)					
(65)					
(66)					
(67)					
(68)					
(69)					
(70)					
(71)					
(72)					
(73)					
(74)					
(75)					
(76)					
(77)					
(78)					
(79)					

実戦コース

6日目　TEST 1

| | 1 | 2 | 3 | 4 | 5 |

(80)

(81)	たくましく制作している作	たくましい制作している作
(82)	音の絵画化図形化や創作音	音の絵画化図型化と創造音
(83)	右傾化する世の中について	左傾化した世の中についた
(84)	子供の頃の運動会では走れ	子供の頃の運動会では走れ
(85)	リズムと共存する音楽を仕	リズムが共在する音楽を仕
(86)	象徴的だったのは夏の終わ	像徴的だったのは夏の終わ
(87)	東京郊外の駅前に放置され	東京郊外の駅前に放置され
(88)	他の候補者は地元の有力者	他は候補者が地元の有力者
(89)	一週間後の自分の演奏会で	二週間前の自分が演奏中で
(90)	店頭にあまり見なれないグ	店頁のあまり目なれないグ

(91)	$4 \times 6 \div 3 - 5 + 2$		(96)	$1 + 4 \times 4 \div 8 + 2$
(92)	$12 - 5 \times 2 + 14 \div 7$		(97)	$8 + 30 \div 5 - 3 \times 4$
(93)	$3 \times 9 - 5 \times 5 - 1$		(98)	$48 \div 6 \div 2 + 7 - 8$
(94)	$18 \div 6 \times 3 - 8 + 2$		(99)	$11 - 30 \div 3 + 27 \div 9$
(95)	$6 \times 3 - 2 - 5 \times 3$		(100)	$5 + 6 \times 6 \div 9 - 7$

| | 1 | 2 | 3 | 4 | 5 |

(101)

(102)

(103)

	1	2	3	4	5
(80)					
(81)					
(82)					
(83)					
(84)					
(85)					
(86)					
(87)					
(88)					
(89)					
(90)					
(91)					
(92)					
(93)					
(94)					
(95)					
(96)					
(97)					
(98)					
(99)					
(100)					
(101)					
(102)					
(103)					

実戦コース

6日目　TEST 1

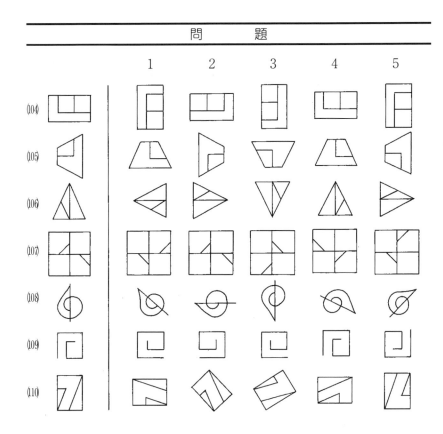

(111) 正月に欠かせない新巻サケ　　　正月に欠かせない新巻サケ
(112) 有機農業についての研究会　　　有機農業についての研修会
(113) その秘密は野外教育専門の　　　その秘密は野外教育専問が
(114) 山への愛着が捨てきれず卒　　　山での愛情を捨てきれず率
(115) 都会育ちの若者たちはその　　　都会育ちの若人たちはその
(116) 自然を愛し自然をそのまま　　　自然に恋し自然がそのまま
(117) 学者の中にはときどき常識　　　学者の中にはときどき常識
(118) 両端を固定したヒモの間に　　　両極を個定したヒモの間に
(119) 国民休暇村は全国に広がり　　　国民休日村が全国で広がり
(120) 釣り人たちは寒空の中をい　　　釣る人たちが青空の中でい

	1	2	3	4	5
(104)					
(105)					
(106)					
(107)					
(108)					
(109)					
(110)					
(111)					
(112)					
(113)					
(114)					
(115)					
(116)					
(117)					
(118)					
(119)					
(120)					

実戦コース

6日目　TEST 1

6 日目 〈TEST 1〉正答

(1) － 1	(2) － 4	(3) － 5	(4) － 3	(5) － 5	(6) － 2
(7) － 3	(8) － 1	(9) － 2	(10) － 4	(11) － 3	(12) － 2
(13) － 1	(14) － 5	(15) － 3	(16) － 5	(17) － 2	(18) － 1
(19) － 3	(20) － 5	(21) － 1	(22) － 2	(23) － 3	(24) － 5
(25) － 2	(26) － 5	(27) － 4	(28) － 3	(29) － 4	(30) － 2
(31) － 2	(32) － 1	(33) － 5	(34) － 3	(35) － 4	(36) － 1
(37) － 3	(38) － 5	(39) － 2	(40) － 4	(41) － 1	(42) － 5
(43) － 3	(44) － 2	(45) － 5	(46) － 5	(47) － 3	(48) － 1
(49) － 2	(50) － 4	(51) － 2	(52) － 5	(53) － 4	(54) － 1
(55) － 2	(56) － 2	(57) － 5	(58) － 1	(59) － 3	(60) － 3
(61) － 3	(62) － 5	(63) － 4	(64) － 1	(65) － 4	(66) － 5
(67) － 3	(68) － 2	(69) － 1	(70) － 2	(71) － 5	(72) － 4
(73) － 1	(74) － 3	(75) － 2	(76) － 1	(77) － 3	(78) － 4
(79) － 5	(80) － 2	(81) － 1	(82) － 3	(83) － 4	(84) － 5
(85) － 2	(86) － 1	(87) － 5	(88) － 2	(89) － 4	(90) － 3
(91) － 5	(92) － 4	(93) － 1	(94) － 3	(95) － 1	(96) － 5
(97) － 2	(98) － 3	(99) － 4	(100) － 2	(101) － 3	(102) － 5
(103) － 1	(104) － 2	(105) － 5	(106) － 4	(107) － 1	(108) － 3
(109) － 2	(110) － 4	(111) － 5	(112) － 1	(113) － 2	(114) － 4
(115) － 1	(116) － 3	(117) － 5	(118) － 2	(119) － 3	(120) － 4

セルフチェック

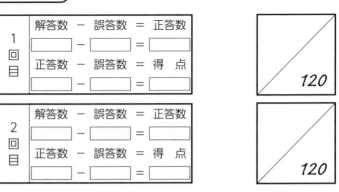

1回目	解答数 － 誤答数 ＝ 正答数
	□ － □ ＝ □
	正答数 － 誤答数 ＝ 得 点
	□ － □ ＝ □

120

2回目	解答数 － 誤答数 ＝ 正答数
	□ － □ ＝ □
	正答数 － 誤答数 ＝ 得 点
	□ － □ ＝ □

120

7日目 TEST 2

日	月	火	水	木	金	土
1	2	3	4	5	6	7
8	9	10	11	12	13	14
15						

╭─ 解答の手順 ─╮

[検査例Ⅰ] 次の計算式の□の中に当てはまる数字を答えよ。ただし、答は1〜5以外にはならない。たとえば、例題 **1.** では、□に4を入れると計算式が成り立つので、正答は4である。例題 **2.** も同様にして、正答は2である。

例題 **1.** $\square \times 6 - 9 = 15$

例題 **2.** $17 - 8 \div \square = 13$

[検査例Ⅱ] 次の数字を、手引によって分類せよ。たとえば、例題 **3.** の「せ―243」は第5組に分類されるので、正答は5である。例題 **4.** も同様にして、正答は2である。

〈手引〉

第1組	う〜く	243〜451	642〜707
第2組	つ〜は	287〜367	411〜512
第3組	あ〜け	459〜526	743〜829
第4組	こ〜た	263〜407	520〜641
第5組	す〜に	192〜258	716〜823

例題 **3.** せ―243　　　例題 **4.** な―299

[検査例Ⅲ] 左の図と同じものを、右の1〜5から選べ。たとえば、例題 **5.** では、3の図が左の図と同じなので、正答は3である。例題 **6.** も同様にして、正答は2である。

　　　　　　　　1　　　2　　　3　　　4　　　5

例題 **5.**

例題 **6.**

(1)　$4 \div \square + 6 = 8$　　　　(6)　$5 + 4 \times \square = 13$

(2)　$13 - 2 \times \square = 3$　　　(7)　$30 \div \square - 9 = 1$

(3)　$\square \times 7 - 2 = 5$　　　(8)　$6 + 5 \div \square = 7$

(4)　$\square - 12 \div 6 = 3$　　　(9)　$\square \times 6 - 12 = 12$

(5)　$16 \div \square + 7 = 11$　　　(10)　$17 - \square \times 6 = 5$

(11)　な—746　　　　(16)　お—264

(12)　は—189　　　　(17)　ま—455

(13)　す—251　　　　(18)　ひ—583

(14)　う—675　　　　(19)　こ—477

(15)　た—313　　　　(20)　の—614

	1	2	3	4	5
(21)					
(22)					
(23)					
(24)					
(25)					
(26)					

〈手　引〉		

〈手　引〉		
第1組	と〜み	314〜488 701〜842
第2組	い〜く	246〜357 725〜861
第3組	つ〜ふ	135〜293 549〜635
第4組	こ〜た	212〜344 547〜607
第5組	あ〜さ	389〜506 619〜717

解答用マークシート欄

	1	2	3	4	5
(1)	⊏　⊐	⊏　⊐	⊏　⊐	⊏　⊐	⊏　⊐
(2)	⊏　⊐	⊏　⊐	⊏　⊐	⊏　⊐	⊏　⊐
(3)	⊏　⊐	⊏　⊐	⊏　⊐	⊏　⊐	⊏　⊐
(4)	⊏　⊐	⊏　⊐	⊏　⊐	⊏　⊐	⊏　⊐
(5)	⊏　⊐	⊏　⊐	⊏　⊐	⊏　⊐	⊏　⊐
(6)	⊏　⊐	⊏　⊐	⊏　⊐	⊏　⊐	⊏　⊐
(7)	⊏　⊐	⊏　⊐	⊏　⊐	⊏　⊐	⊏　⊐
(8)	⊏　⊐	⊏　⊐	⊏　⊐	⊏　⊐	⊏　⊐
(9)	⊏　⊐	⊏　⊐	⊏　⊐	⊏　⊐	⊏　⊐
(10)	⊏　⊐	⊏　⊐	⊏　⊐	⊏　⊐	⊏　⊐
(11)	⊏　⊐	⊏　⊐	⊏　⊐	⊏　⊐	⊏　⊐
(12)	⊏　⊐	⊏　⊐	⊏　⊐	⊏　⊐	⊏　⊐
(13)	⊏　⊐	⊏　⊐	⊏　⊐	⊏　⊐	⊏　⊐
(14)	⊏　⊐	⊏　⊐	⊏　⊐	⊏　⊐	⊏　⊐
(15)	⊏　⊐	⊏　⊐	⊏　⊐	⊏　⊐	⊏　⊐
(16)	⊏　⊐	⊏　⊐	⊏　⊐	⊏　⊐	⊏　⊐
(17)	⊏　⊐	⊏　⊐	⊏　⊐	⊏　⊐	⊏　⊐
(18)	⊏　⊐	⊏　⊐	⊏　⊐	⊏　⊐	⊏　⊐
(19)	⊏　⊐	⊏　⊐	⊏　⊐	⊏　⊐	⊏　⊐
(20)	⊏　⊐	⊏　⊐	⊏　⊐	⊏　⊐	⊏　⊐
(21)	⊏　⊐	⊏　⊐	⊏　⊐	⊏　⊐	⊏　⊐
(22)	⊏　⊐	⊏　⊐	⊏　⊐	⊏　⊐	⊏　⊐
(23)	⊏　⊐	⊏　⊐	⊏　⊐	⊏　⊐	⊏　⊐
(24)	⊏　⊐	⊏　⊐	⊏　⊐	⊏　⊐	⊏　⊐
(25)	⊏　⊐	⊏　⊐	⊏　⊐	⊏　⊐	⊏　⊐
(26)	⊏　⊐	⊏　⊐	⊏　⊐	⊏　⊐	⊏　⊐

問　　　題

	1	2	3	4	5
(27)					
(28)					
(29)					
(30)					

(31)　$4 = 2 \times \square - 6$

(32)　$4 = 1 + 12 \div \square$

(33)　$1 = \square - 2 \times 2$

(34)　$6 = 9 \div 3 + \square$

(35)　$13 = \square \times 8 - 3$

(36)　$3 = 17 - \square \times 7$

(37)　$13 = 4 + 36 \div \square$

(38)　$20 = \square \times 9 - 7$

(39)　$7 = 18 \div 3 + \square$

(40)　$6 = \square + 8 \div 2$

(41)　た—189

(42)　さ—473

(43)　て—456

(44)　み—638

(45)　ふ—442

(46)　す—542

(47)　え—360

(48)　そ—599

(49)　て—624

(50)　し—436

	1	2	3	4	5
(51)					
(52)					

92

〈手　引〉	解答用マークシート欄

	1	2	3	4	5
(27)	⊏　⊐	⊏　⊐	⊏　⊐	⊏　⊐	⊏　⊐
(28)	⊏　⊐	⊏　⊐	⊏　⊐	⊏　⊐	⊏　⊐
(29)	⊏　⊐	⊏　⊐	⊏　⊐	⊏　⊐	⊏　⊐
(30)	⊏　⊐	⊏　⊐	⊏　⊐	⊏　⊐	⊏　⊐
(31)	⊏　⊐	⊏　⊐	⊏　⊐	⊏　⊐	⊏　⊐
(32)	⊏　⊐	⊏　⊐	⊏　⊐	⊏　⊐	⊏　⊐
(33)	⊏　⊐	⊏　⊐	⊏　⊐	⊏　⊐	⊏　⊐
(34)	⊏　⊐	⊏　⊐	⊏　⊐	⊏　⊐	⊏　⊐
(35)	⊏　⊐	⊏　⊐	⊏　⊐	⊏　⊐	⊏　⊐
(36)	⊏　⊐	⊏　⊐	⊏　⊐	⊏　⊐	⊏　⊐
(37)	⊏　⊐	⊏　⊐	⊏　⊐	⊏　⊐	⊏　⊐
(38)	⊏　⊐	⊏　⊐	⊏　⊐	⊏　⊐	⊏　⊐
(39)	⊏　⊐	⊏　⊐	⊏　⊐	⊏　⊐	⊏　⊐
(40)	⊏　⊐	⊏　⊐	⊏　⊐	⊏　⊐	⊏　⊐
(41)	⊏　⊐	⊏　⊐	⊏　⊐	⊏　⊐	⊏　⊐
(42)	⊏　⊐	⊏　⊐	⊏　⊐	⊏　⊐	⊏　⊐
(43)	⊏　⊐	⊏　⊐	⊏　⊐	⊏　⊐	⊏　⊐
(44)	⊏　⊐	⊏　⊐	⊏　⊐	⊏　⊐	⊏　⊐
(45)	⊏　⊐	⊏　⊐	⊏　⊐	⊏　⊐	⊏　⊐
(46)	⊏　⊐	⊏　⊐	⊏　⊐	⊏　⊐	⊏　⊐
(47)	⊏　⊐	⊏　⊐	⊏　⊐	⊏　⊐	⊏　⊐
(48)	⊏　⊐	⊏　⊐	⊏　⊐	⊏　⊐	⊏　⊐
(49)	⊏　⊐	⊏　⊐	⊏　⊐	⊏　⊐	⊏　⊐
(50)	⊏　⊐	⊏　⊐	⊏　⊐	⊏　⊐	⊏　⊐
(51)	⊏　⊐	⊏　⊐	⊏　⊐	⊏　⊐	⊏　⊐
(52)	⊏　⊐	⊏　⊐	⊏　⊐	⊏　⊐	⊏　⊐

〈手　引〉

第1組	け～た	285～390 411～578
第2組	は～む	321～478 623～740
第3組	さ～ち	146～257 582～654
第4組	あ～く	267～372 620～735
第5組	つ～な	401～481 574～693

実戦コース

7日目　TEST 2

93

	1	2	3	4	5
(53)					
(54)					
(55)					
(56)					
(57)					
(58)					
(59)					
(60)					

(61) $\square \div 5 + 9 = 10$

(62) $2 + 14 \div \square = 9$

(63) $3 \times \square - 5 = 4$

(64) $\square + 3 \times 3 = 11$

(65) $14 - \square \div 4 = 13$

(66) $6 \times 3 - \square = 14$

(67) $\square \times 9 + 7 = 16$

(68) $21 \div \square + 3 = 10$

(69) $3 + 4 \times \square = 23$

(70) $\square - 24 \div 6 = 1$

解答用マークシート欄

	1	2	3	4	5
(53)					
(54)					
(55)					
(56)					
(57)					
(58)					
(59)					
(60)					
(61)					
(62)					
(63)					
(64)					
(65)					
(66)					
(67)					
(68)					
(69)					
(70)					

(71)	と—336	(76)	ひ—346
(72)	お—693	(77)	な—479
(73)	か—274	(78)	そ—424
(74)	た—408	(79)	く—731
(75)	え—281	(80)	む—652

	1	2	3	4	5
(81)					
(82)					
(83)					
(84)					
(85)					
(86)					
(87)					
(88)					
(89)					

〈手 引〉		
第1組	そ～に	204～350 441～512
第2組	え～さ	325～456 658～749
第3組	の～め	253～374 567～670
第4組	し～ち	367～437 514～627
第5組	い～き	242～302 521～635

解答用マークシート欄

	1	2	3	4	5
(71)					
(72)					
(73)					
(74)					
(75)					
(76)					
(77)					
(78)					
(79)					
(80)					
(81)					
(82)					
(83)					
(84)					
(85)					
(86)					
(87)					
(88)					
(89)					

実戦コース

7日目　TEST 2

	1	2	3	4	5

(90)

(91) $2 = 28 \div \square - 5$

(92) $20 = \square \times 6 - 10$

(93) $9 = 14 \div 2 + \square$

(94) $15 = 3 + \square \times 4$

(95) $1 = \square - 9 \div 3$

(96) $7 = 6 \times 2 - \square$

(97) $6 = \square + 15 \div 3$

(98) $2 = 18 \div \square - 4$

(99) $3 = 11 - 4 \times \square$

(100) $9 = \square \times 4 - 7$

(101) す—596
(102) さ—528
(103) と—247
(104) こ—234
(105) ま—415

(106) え—654
(107) ほ—391
(108) か—297
(109) ぬ—523
(110) な—330

	1	2	3	4	5
(111)					
(112)					
(113)					
(114)					

〈手　引〉		
第1組	け～た	145～263 562～647
第2組	あ～き	235～341 521～673
第3組	つ～は	221～363 467～539
第4組	く～し	288～359 404～536
第5組	に～め	380～455 572～684

解答用マークシート欄

	1	2	3	4	5
(90)	⊏⊐	⊏⊐	⊏⊐	⊏⊐	⊏⊐
(91)	⊏⊐	⊏⊐	⊏⊐	⊏⊐	⊏⊐
(92)	⊏⊐	⊏⊐	⊏⊐	⊏⊐	⊏⊐
(93)	⊏⊐	⊏⊐	⊏⊐	⊏⊐	⊏⊐
(94)	⊏⊐	⊏⊐	⊏⊐	⊏⊐	⊏⊐
(95)	⊏⊐	⊏⊐	⊏⊐	⊏⊐	⊏⊐
(96)	⊏⊐	⊏⊐	⊏⊐	⊏⊐	⊏⊐
(97)	⊏⊐	⊏⊐	⊏⊐	⊏⊐	⊏⊐
(98)	⊏⊐	⊏⊐	⊏⊐	⊏⊐	⊏⊐
(99)	⊏⊐	⊏⊐	⊏⊐	⊏⊐	⊏⊐
(100)	⊏⊐	⊏⊐	⊏⊐	⊏⊐	⊏⊐
(101)	⊏⊐	⊏⊐	⊏⊐	⊏⊐	⊏⊐
(102)	⊏⊐	⊏⊐	⊏⊐	⊏⊐	⊏⊐
(103)	⊏⊐	⊏⊐	⊏⊐	⊏⊐	⊏⊐
(104)	⊏⊐	⊏⊐	⊏⊐	⊏⊐	⊏⊐
(105)	⊏⊐	⊏⊐	⊏⊐	⊏⊐	⊏⊐
(106)	⊏⊐	⊏⊐	⊏⊐	⊏⊐	⊏⊐
(107)	⊏⊐	⊏⊐	⊏⊐	⊏⊐	⊏⊐
(108)	⊏⊐	⊏⊐	⊏⊐	⊏⊐	⊏⊐
(109)	⊏⊐	⊏⊐	⊏⊐	⊏⊐	⊏⊐
(110)	⊏⊐	⊏⊐	⊏⊐	⊏⊐	⊏⊐
(111)	⊏⊐	⊏⊐	⊏⊐	⊏⊐	⊏⊐
(112)	⊏⊐	⊏⊐	⊏⊐	⊏⊐	⊏⊐
(113)	⊏⊐	⊏⊐	⊏⊐	⊏⊐	⊏⊐
(114)	⊏⊐	⊏⊐	⊏⊐	⊏⊐	⊏⊐

実戦コース

7日目　TEST 2

	1	2	3	4	5
(115)					
(116)					
(117)					
(118)					
(119)					
(120)					

解答用マークシート欄

	1	2	3	4	5
(115)					
(116)					
(117)					
(118)					
(119)					
(120)					

7日目 〈TEST 2〉正答

(1) − 2	(2) − 5	(3) − 1	(4) − 5	(5) − 4	(6) − 2
(7) − 3	(8) − 5	(9) − 4	(10) − 2	(11) − 1	(12) − 3
(13) − 4	(14) − 5	(15) − 4	(16) − 2	(17) − 1	(18) − 3
(19) − 5	(20) − 3	(21) − 2	(22) − 5	(23) − 5	(24) − 4
(25) − 3	(26) − 3	(27) − 2	(28) − 5	(29) − 4	(30) − 2
(31) − 5	(32) − 4	(33) − 5	(34) − 3	(35) − 2	(36) − 2
(37) − 4	(38) − 3	(39) − 1	(40) − 2	(41) − 3	(42) − 1
(43) − 5	(44) − 2	(45) − 2	(46) − 1	(47) − 4	(48) − 3
(49) − 5	(50) − 1	(51) − 3	(52) − 4	(53) − 2	(54) − 5
(55) − 3	(56) − 1	(57) − 5	(58) − 2	(59) − 4	(60) − 2
(61) − 5	(62) − 2	(63) − 3	(64) − 2	(65) − 4	(66) − 4
(67) − 1	(68) − 3	(69) − 5	(70) − 5	(71) − 1	(72) − 2
(73) − 5	(74) − 4	(75) − 5	(76) − 3	(77) − 1	(78) − 4
(79) − 2	(80) − 3	(81) − 3	(82) − 4	(83) − 1	(84) − 5
(85) − 1	(86) − 2	(87) − 5	(88) − 4	(89) − 3	(90) − 4
(91) − 4	(92) − 5	(93) − 2	(94) − 3	(95) − 4	(96) − 5
(97) − 1	(98) − 3	(99) − 2	(100) − 4	(101) − 1	(102) − 4
(103) − 3	(104) − 1	(105) − 5	(106) − 2	(107) − 5	(108) − 2
(109) − 3	(110) − 3	(111) − 1	(112) − 5	(113) − 3	(114) − 2
(115) − 1	(116) − 4	(117) − 1	(118) − 5	(119) − 3	(120) − 5

セルフチェック

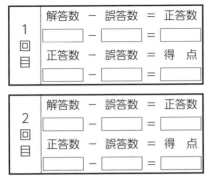
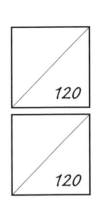

8日目 TEST 3

日	月	火	水	木	金	土
~~1~~	~~2~~	~~3~~	~~4~~	~~5~~	~~6~~	~~7~~
8	9	10	11	12	13	14
15						

解答の手順

[**検査例Ⅰ**] 次の数字またはアルファベットを，手引によってアルファベットまたは数字に正しく置き換えたものはどれか。たとえば，[例題] **1.**では，SEP を数字に置き換えると 670 となるので，正答は 3 となる。[例題] **2.**も同様にして，正答は 5 である。

〈手引〉

1 = C	2 = Y	3 = A	4 = H	5 = R
6 = S	7 = E	8 = W	9 = G	0 = P

		1	2	3	4	5
[例題] **1.**	S E P	6 5 8	3 7 2	6 7 0	1 8 2	1 0 4
[例題] **2.**	C Y R	0 7 6	1 4 3	2 3 7	2 5 9	1 2 5

[**検査例Ⅱ**] 次の左の図と異なるものを，右の 1 ～ 5 から選べ。たとえば，[例題] **3.**では，4 の図が左の図と異なるので，正答は 4 となる。[例題] **4.**も同様にして，正答は 3 である。

	1	2	3	4	5
[例題] **3.**					

[例題] **4.**					

[**検査例Ⅲ**] 次の計算式の□に当てはまる数を答えよ。たとえば，[例題] **5.**では，3 を当てはめると式が成り立つので，正答は 3 となる。[例題] **6.**も同様にして，正答は 4 である。

[例題] **5.**　$18 - \square \times 5 = 3$ 　　　　[例題] **6.**　$24 \div 4 + \square = 10$

103

		1	2	3	4	5
(1)	W N I	5 8 1	7 6 5	6 4 2	7 5 6	5 1 3
(2)	H S F	4 2 5	1 8 9	3 5 7	4 0 9	2 1 3
(3)	B F S	4 3 1	3 4 0	2 7 1	6 3 7	4 6 2
(4)	P C Q	4 5 6	8 7 1	4 5 2	8 9 0	8 5 3
(5)	N W B	6 7 4	5 2 4	3 0 9	4 2 1	6 0 8
(6)	Q P C	0 1 5	1 3 6	0 8 9	2 5 7	3 6 2
(7)	W H F	1 5 3	7 2 3	5 4 0	3 8 2	7 1 4
(8)	S B P	5 8 6	3 0 2	1 5 6	9 0 3	1 4 8
(9)	P N C	7 3 0	8 1 7	5 1 4	8 6 9	6 3 1
(10)	C I H	2 4 5	9 0 3	9 6 3	2 7 4	9 5 2

〈手 引〉	解答用マークシート欄

〈手引〉

1 = S	2 = H
3 = F	4 = B
5 = I	6 = N
7 = W	8 = P
9 = C	0 = Q

	1	2	3	4	5
(1)					
(2)					
(3)					
(4)					
(5)					
(6)					
(7)					
(8)					
(9)					
(10)					
(11)					
(12)					
(13)					
(14)					
(15)					
(16)					

実戦コース

8日目　TEST 3

問　　題

	1	2	3	4	5
(17)					
(18)					
(19)					
(20)					

(21) $\square \times 4 - 17 = 3$

(22) $11 - 18 \div \square = 5$

(23) $10 \div \square + 3 = 8$

(24) $\square - 8 \div 4 = 3$

(25) $6 \times 3 - \square = 14$

(26) $48 \div \square - 7 = 5$

(27) $\square + 2 \times 3 = 7$

(28) $7 - \square \div 3 = 6$

(29) $4 \times 4 - \square = 11$

(30) $\square + 6 \times 2 = 14$

		1	2	3	4	5
(31)	6 8 4	E T V	I K V	B R I	K M Y	B I T
(32)	1 3 5	Y T K	T E M	D K B	Y I T	T E R
(33)	2 4 3	I T E	M B Y	I T R	E I T	K D V
(34)	5 0 1	D M B	Y D V	V R E	D M K	K D Y
(35)	3 7 2	E Y M	K I R	Y B D	T M E	V R E
(36)	9 1 6	I B E	V Y B	I R T	V K B	B V I
(37)	4 2 5	T I B	D K M	I E K	B D I	T K R
(38)	6 4 7	K D I	B I M	T V E	E M Y	D Y V
(39)	0 8 3	D R T	K E B	D M Y	V B K	K V T
(40)	7 1 4	R E Y	D K I	M Y I	K D R	E D B

106

	1	2	3	4	5
(17)	⊏　⊐	⊏　⊐	⊏　⊐	⊏　⊐	⊏　⊐
(18)	⊏　⊐	⊏　⊐	⊏　⊐	⊏　⊐	⊏　⊐
(19)	⊏　⊐	⊏　⊐	⊏　⊐	⊏　⊐	⊏　⊐
(20)	⊏　⊐	⊏　⊐	⊏　⊐	⊏　⊐	⊏　⊐
(21)	⊏　⊐	⊏　⊐	⊏　⊐	⊏　⊐	⊏　⊐
(22)	⊏　⊐	⊏　⊐	⊏　⊐	⊏　⊐	⊏　⊐
(23)	⊏　⊐	⊏　⊐	⊏　⊐	⊏　⊐	⊏　⊐
(24)	⊏　⊐	⊏　⊐	⊏　⊐	⊏　⊐	⊏　⊐
(25)	⊏　⊐	⊏　⊐	⊏　⊐	⊏　⊐	⊏　⊐
(26)	⊏　⊐	⊏　⊐	⊏　⊐	⊏　⊐	⊏　⊐
(27)	⊏　⊐	⊏　⊐	⊏　⊐	⊏　⊐	⊏　⊐
(28)	⊏　⊐	⊏　⊐	⊏　⊐	⊏　⊐	⊏　⊐
(29)	⊏　⊐	⊏　⊐	⊏　⊐	⊏　⊐	⊏　⊐
(30)	⊏　⊐	⊏　⊐	⊏　⊐	⊏　⊐	⊏　⊐

〈手引〉

Y = 1	E = 2
T = 3	I = 4
K = 5	B = 6
M = 7	R = 8
V = 9	D = 0

	1	2	3	4	5
(31)	⊏　⊐	⊏　⊐	⊏　⊐	⊏　⊐	⊏　⊐
(32)	⊏　⊐	⊏　⊐	⊏　⊐	⊏　⊐	⊏　⊐
(33)	⊏　⊐	⊏　⊐	⊏　⊐	⊏　⊐	⊏　⊐
(34)	⊏　⊐	⊏　⊐	⊏　⊐	⊏　⊐	⊏　⊐
(35)	⊏　⊐	⊏　⊐	⊏　⊐	⊏　⊐	⊏　⊐
(36)	⊏　⊐	⊏　⊐	⊏　⊐	⊏　⊐	⊏　⊐
(37)	⊏　⊐	⊏　⊐	⊏　⊐	⊏　⊐	⊏　⊐
(38)	⊏　⊐	⊏　⊐	⊏　⊐	⊏　⊐	⊏　⊐
(39)	⊏　⊐	⊏　⊐	⊏　⊐	⊏　⊐	⊏　⊐
(40)	⊏　⊐	⊏　⊐	⊏　⊐	⊏　⊐	⊏　⊐

実戦コース

8日目　TEST 3

	1	2	3	4	5
(41)					
(42)					
(43)					
(44)					
(45)					
(46)					
(47)					
(48)					
(49)					
(50)					

解答用マークシート欄

	1	2	3	4	5
(41)	⊏⊐	⊏⊐	⊏⊐	⊏⊐	⊏⊐
(42)	⊏⊐	⊏⊐	⊏⊐	⊏⊐	⊏⊐
(43)	⊏⊐	⊏⊐	⊏⊐	⊏⊐	⊏⊐
(44)	⊏⊐	⊏⊐	⊏⊐	⊏⊐	⊏⊐
(45)	⊏⊐	⊏⊐	⊏⊐	⊏⊐	⊏⊐
(46)	⊏⊐	⊏⊐	⊏⊐	⊏⊐	⊏⊐
(47)	⊏⊐	⊏⊐	⊏⊐	⊏⊐	⊏⊐
(48)	⊏⊐	⊏⊐	⊏⊐	⊏⊐	⊏⊐
(49)	⊏⊐	⊏⊐	⊏⊐	⊏⊐	⊏⊐
(50)	⊏⊐	⊏⊐	⊏⊐	⊏⊐	⊏⊐

(51) $12 \div \square + 8 = 11$

(52) $\square + 3 \times 6 = 20$

(53) $4 \times 2 - \square = 7$

(54) $\square - 18 \div 9 = 2$

(55) $3 + \square \times 2 = 13$

(56) $\square \times 4 - 6 = 6$

(57) $15 \div 5 + \square = 5$

(58) $17 - \square \times 3 = 8$

(59) $\square \times 8 - 21 = 19$

(60) $10 - 6 \div \square = 4$

		1	2	3	4	5
(61)	H L Q	2 4 0	5 1 4	7 2 9	3 8 9	2 6 1
(62)	F X A	4 3 1	1 6 7	3 9 7	2 0 1	1 5 4
(63)	S A J	2 7 4	3 8 1	6 0 2	2 3 5	7 2 8
(64)	L Q C	5 0 3	6 3 2	8 3 4	4 6 2	8 9 0
(65)	X F L	6 3 7	6 1 8	5 1 3	5 4 1	6 2 3
(66)	Z J H	7 0 9	4 2 1	5 4 3	3 2 6	8 1 9
(67)	H S Q	3 2 9	2 8 0	4 1 9	5 7 3	3 7 1
(68)	L Z C	8 1 7	3 2 4	3 7 1	8 5 0	6 0 4
(69)	A X F	9 4 5	8 9 2	1 4 6	4 3 9	7 6 1
(70)	J Z H	1 3 2	6 1 5	4 5 3	3 4 7	4 2 5

	1	2	3	4	5
(51)					
(52)					
(53)					
(54)					
(55)					
(56)					
(57)					
(58)					
(59)					
(60)					
(61)					
(62)					
(63)					
(64)					
(65)					
(66)					
(67)					
(68)					
(69)					
(70)					
(71)					
(72)					
(73)					
(74)					

〈手引〉

1 = F	2 = S
3 = H	4 = J
5 = Z	6 = X
7 = A	8 = L
9 = Q	0 = C

実戦コース

8日目　TEST 3

111

	1	2	3	4	5
(75)					
(76)					
(77)					
(78)					
(79)					
(80)					

(81)　$4 \times \square - 6 = 2$

(82)　$15 - 27 \div \square = 6$

(83)　$\square \div 5 + 7 = 8$

(84)　$\square \times 6 - 13 = 11$

(85)　$3 + \square \times 8 = 27$

(86)　$36 \div 9 + \square = 5$

(87)　$12 - \square \times 2 = 4$

(88)　$\square \times 12 - 20 = 16$

(89)　$5 + 18 \div \square = 14$

(90)　$28 \div 7 - \square = 3$

		1	2	3	4	5
(91)	3 0 9	C A R	M Y C	H T P	Y C N	P K Y
(92)	2 4 1	R T Y	A P H	T R Y	A M R	P M K
(93)	1 8 7	P K A	Y N K	K H T	M T A	A C N

	1	2	3	4	5
(75)					
(76)					
(77)					
(78)					
(79)					
(80)					
(81)					
(82)					
(83)					
(84)					
(85)					
(86)					
(87)					
(88)					
(89)					
(90)					
(91)					
(92)					
(93)					

〈手引〉

K = 1	P = 2
C = 3	M = 4
Y = 5	N = 6
T = 7	H = 8
R = 9	A = 0

実戦コース

8日目　TEST 3

113

		1	2	3	4	5
(94)	9 1 3	A Y C	R M A	P K N	R K C	Y A R
(95)	4 5 6	M Y N	A C N	C H P	T Y N	M R C
(96)	0 2 8	C K H	H Y P	R T A	A P H	R A K
(97)	6 3 2	T N K	N C P	M Y C	H R P	C N M
(98)	7 6 4	A H C	P K M	Y R N	C A N	T N M
(99)	9 1 5	C Y T	R K Y	A C M	T N R	H P K
(100)	2 4 1	P M K	A C H	T P N	C P A	R C H

114

〈手　引〉			解答用マークシート欄

〈手引〉

K = 1	P = 2
C = 3	M = 4
Y = 5	N = 6
T = 7	H = 8
R = 9	A = 0

	1	2	3	4	5
(94)					
(95)					
(96)					
(97)					
(98)					
(99)					
(100)					
(101)					
(102)					
(103)					
(104)					
(105)					
(106)					

実戦コース　8日目　TEST 3

115

| | 1 | 2 | 3 | 4 | 5 |

(107)

(108)

(109)

(110)

(111) $2 + 4 \times \square = 10$
(112) $6 \times 6 - \square = 31$
(113) $\square \div 2 + 7 = 9$
(114) $11 - \square \times 3 = 2$
(115) $4 + 16 \div \square = 8$

(116) $\square \times 7 - 8 = 6$
(117) $13 - \square \times 9 = 4$
(118) $\square \div 5 + 14 = 15$
(119) $8 \times \square - 6 = 10$
(120) $\square + 3 \times 5 = 16$

	1	2	3	4	5
(107)					
(108)					
(109)					
(110)					
(111)					
(112)					
(113)					
(114)					
(115)					
(116)					
(117)					
(118)					
(119)					
(120)					

実戦コース

8日目　TEST 3

8日目　〈TEST 3〉正答

(1) − 2	(2) − 5	(3) − 1	(4) − 4	(5) − 1	(6) − 3
(7) − 2	(8) − 5	(9) − 4	(10) − 5	(11) − 1	(12) − 4
(13) − 5	(14) − 3	(15) − 4	(16) − 1	(17) − 5	(18) − 2
(19) − 3	(20) − 3	(21) − 5	(22) − 3	(23) − 2	(24) − 5
(25) − 4	(26) − 4	(27) − 1	(28) − 3	(29) − 5	(30) − 2
(31) − 3	(32) − 1	(33) − 4	(34) − 5	(35) − 4	(36) − 2
(37) − 3	(38) − 2	(39) − 1	(40) − 3	(41) − 2	(42) − 4
(43) − 4	(44) − 3	(45) − 1	(46) − 5	(47) − 1	(48) − 2
(49) − 4	(50) − 5	(51) − 4	(52) − 2	(53) − 1	(54) − 4
(55) − 5	(56) − 3	(57) − 2	(58) − 3	(59) − 5	(60) − 1
(61) − 4	(62) − 2	(63) − 1	(64) − 5	(65) − 2	(66) − 3
(67) − 1	(68) − 4	(69) − 5	(70) − 3	(71) − 5	(72) − 2
(73) − 3	(74) − 4	(75) − 5	(76) − 1	(77) − 1	(78) − 2
(79) − 3	(80) − 4	(81) − 2	(82) − 3	(83) − 5	(84) − 4
(85) − 3	(86) − 1	(87) − 4	(88) − 3	(89) − 2	(90) − 1
(91) − 1	(92) − 5	(93) − 3	(94) − 4	(95) − 1	(96) − 4
(97) − 2	(98) − 5	(99) − 2	(100) − 1	(101) − 4	(102) − 2
(103) − 5	(104) − 1	(105) − 5	(106) − 3	(107) − 4	(108) − 5
(109) − 1	(110) − 3	(111) − 2	(112) − 5	(113) − 4	(114) − 3
(115) − 4	(116) − 2	(117) − 1	(118) − 5	(119) − 2	(120) − 1

セルフチェック

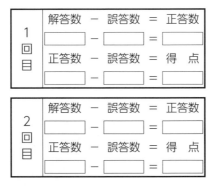
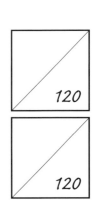

1回目

解答数 − 誤答数 = 正答数	
□ − □ = □	
正答数 − 誤答数 = 得　点	
□ − □ = □	/120

2回目

解答数 − 誤答数 = 正答数	
□ − □ = □	
正答数 − 誤答数 = 得　点	
□ − □ = □	/120

TEST 4

日	月	火	水	木	金	土
~~1~~	~~2~~	~~3~~	~~4~~	~~5~~	~~6~~	~~7~~
8	9	10	11	12	13	14
15						

[解答の手順]

[検査例Ⅰ] 次の数字またはアルファベットを，手引によってアルファベットまたは数字に正しく置き換えたものはどれか。たとえば，[例題] 1. では，BFD を数字に置き換えると，867 となるので，正答は 2 となる。[例題] 2. も同様にして，正答は 4 である。

〈手引〉

1 = A	2 = T	3 = K	4 = S	5 = Y
6 = F	7 = D	8 = B	9 = Q	0 = H

		1	2	3	4	5
[例題] 1.	BFD	847	867	729	853	517
[例題] 2.	815	BDA	AHY	DAQ	BAY	HAY

[検査例Ⅱ] 次の左の図と同じものを，右の 1 ～ 5 から選べ。たとえば，[例題] 3. では，2 の図が左の図と同じなので，正答は 2 である。

		1	2	3	4	5

[例題] 3.

[検査例Ⅲ] 次の正本と副本を照合し，副本のどこに誤りがあるか答えよ。ただし，誤りは 1 つだけである。たとえば，[例題] 4. では，「果」の字が正本と違っているので，正答は 1。

[例題] 4.

	1	2	3	4	5
〔正本〕	これは単惜しむな	に手間のどという	かかるこ問題では	とはいやなく人間	だと労を精神的な
〔副本〕	これは果惜しむな	に手間のどという	かかるこ問題では	とはいやなく人間	だと労を精神的な

実戦コース

9日目　TEST 4

119

		1	2	3	4	5
(1)	F K Q	7 3 7	7 4 8	2 8 3	4 6 5	5 4 2
(2)	T S B	5 1 7	4 0 3	3 6 5	5 4 2	6 1 3
(3)	R N F	2 0 8	0 5 7	3 4 6	4 2 9	0 2 5
(4)	B Q S	9 2 5	3 8 1	4 6 2	6 4 3	3 6 7
(5)	K B R	4 6 0	2 7 8	6 4 0	4 3 0	4 1 3
(6)	S T N	3 0 9	1 9 8	5 3 7	4 8 7	1 6 5
(7)	N H Q	9 8 1	5 2 8	3 7 6	2 0 9	4 6 8
(8)	E K B	9 4 3	3 8 4	8 2 3	9 2 7	1 5 6
(9)	H E N	2 6 8	0 5 9	1 4 6	2 9 5	6 7 4
(10)	F Q H	1 9 2	7 8 2	5 7 3	5 4 3	1 4 5

〈手　引〉		解答用マークシート欄				

<table>
<tr><td colspan="2" style="text-align:center">〈手　引〉</td><td colspan="5" style="text-align:center">解答用マークシート欄</td></tr>
<tr><td colspan="2">1 = S　2 = H
3 = B　4 = K
5 = N　6 = T
7 = F　8 = Q
9 = E　0 = R</td><td colspan="5"></td></tr>
</table>

〈手引〉

1 = S	2 = H
3 = B	4 = K
5 = N	6 = T
7 = F	8 = Q
9 = E	0 = R

	1	2	3	4	5
(1)					
(2)					
(3)					
(4)					
(5)					
(6)					
(7)					
(8)					
(9)					
(10)					
(11)					
(12)					
(13)					
(14)					
(15)					
(16)					

実戦コース　9日目　TEST 4

	1	2	3	4	5
(17)					
(18)					
(19)					
(20)					

〔正　　本〕

	1	2	3	4	5
(21)	棋士たち棋士手当	の収入は大手合い	新聞棋戦対局料の	の手合い3本立て	料のほかになって
(22)	町の食堂とうまい	は正午か物はなく	ら始まるなってし	が早めにまうよう	行かないで工場や
(23)	白い絹のガンは茶	ブラウス色のデリ	の上からケートな	羽織った濃淡の横	カーディじまに金
(24)	今回の来るイタリ	日は東京アンフェ	の帝国ホスティバ	テルで開ルで歌う	かれていためだが
(25)	服装もご人という	く地味なより良家	ら話し方の娘とい	ももの静った雰囲	かで芸能気だけれ
(26)	同競馬会違法の電	といえば気ムチ使	春には種用事件と	馬輪入疑不祥事続	惑秋にはきのうえ
(27)	その後も結婚して	創元会に一時中断	2回の入していた	選を果たが去年か	しておりら再び本

問　　題	解答用マークシート欄

	1	2	3	4	5
(17)	⊏⊐	⊏⊐	⊏⊐	⊏⊐	⊏⊐
(18)	⊏⊐	⊏⊐	⊏⊐	⊏⊐	⊏⊐
(19)	⊏⊐	⊏⊐	⊏⊐	⊏⊐	⊏⊐
(20)	⊏⊐	⊏⊐	⊏⊐	⊏⊐	⊏⊐
(21)	⊏⊐	⊏⊐	⊏⊐	⊏⊐	⊏⊐
(22)	⊏⊐	⊏⊐	⊏⊐	⊏⊐	⊏⊐
(23)	⊏⊐	⊏⊐	⊏⊐	⊏⊐	⊏⊐
(24)	⊏⊐	⊏⊐	⊏⊐	⊏⊐	⊏⊐
(25)	⊏⊐	⊏⊐	⊏⊐	⊏⊐	⊏⊐
(26)	⊏⊐	⊏⊐	⊏⊐	⊏⊐	⊏⊐
(27)	⊏⊐	⊏⊐	⊏⊐	⊏⊐	⊏⊐

〔副　　本〕

1	2	3	4	5
棋士たち棋士手当	の収支は大手合い	新聞棋戦対局料の	の手合い3本立て	料のほかになって
町の食堂とうまい	は正午か物はなく	ら始まるなってし	が速めにまうよう	行かないで工場や
白い綿のガンは茶	ブラウス色のデリ	の上からケートな	羽織った濃淡の横	カーディじまに金
今回の来るイタリ	訪は東京アンフェ	の帝国ホスティバ	テルで開ルで歌う	かれていためだが
服装もご人という	く地味なより良家	ら話し方の娘とい	ももの静った雰囲	かで芸態気だけれ
同競馬会違法の電	といえば気ムチ使	春には種用事件と	馬輸入擬不祥事続	惑秋にはきのうえ
その後は結婚して	創元会に一時中断	2回の入していた	選を果たが去年か	しておりら再び本

123

	1	2	3	4	5
(28)	家族で夜 長具合や	釣りに行 放流養殖	って興味 の実態習	をもった 性などを	チヌの成 現地調査
(29)	国の外交 を使った	史料から 書類はい	単行本雑 ずれボロ	誌に至る ボロにな	まで洋紙 ってしま
(30)	これは現 中で最も	在発見さ 若く星内	れている 部の研究	超新星の や星の進	残がいの 化の理論

		1	2	3	4	5
(31)	7 2 3	V C Y	F L A	L H P	F Z Y	Y C P
(32)	1 6 4	F L C	Y E P	A L H	N V Z	F A Y
(33)	3 0 6	Y A L	P Z A	H A L	L P C	H F N
(34)	2 9 5	H C V	F C Z	H N F	P L N	F P V
(35)	8 1 3	L A Y	N F P	V H F	A C F	C H N
(36)	0 4 2	Z C F	V Y P	N A L	Z Y H	Y V A
(37)	7 6 9	L A C	C F V	C F L	N F P	Z H L
(38)	9 1 0	A N F	N C H	Y V P	H A Z	C F Z
(39)	4 3 2	V A C	F L V	Y P H	N C Z	Y N L
(40)	2 7 5	N P V	A C Z	L A F	H L V	P F A

問　題〈手　引〉・解答用マークシート欄

1	2	3	4	5
家族で夜長具合や	釣りに行放流養殖	って趣味の実態習	をもった性などを	チヌの成現地調査
国の外交を使った	史料から書類はい	単行本雑ずれボロ	誌に到るボロにな	まで洋紙ってしま
これは現中で最も	在発見さ苦く星内	れている部の研究	超新星のや星の進	残がいの化の理論

〈手引〉

1 = F	2 = H
3 = P	4 = Y
5 = V	6 = A
7 = L	8 = N
9 = C	0 = Z

	1	2	3	4	5
(28)					
(29)					
(30)					
(31)					
(32)					
(33)					
(34)					
(35)					
(36)					
(37)					
(38)					
(39)					
(40)					
(41)					
(42)					
(43)					

実戦コース

9日目　TEST 4

125

	1	2	3	4	5
(44)					
(45)					
(46)					
(47)					
(48)					
(49)					
(50)					

〔正　　本〕

	1	2	3	4	5
(51)	街から山 をした雄	手に少し 大な姿が	上がると よく見え	赤石山脈 広々とし	の赤紫色 た畑には
(52)	子供のこ ちそうで	ろ柿はお おやつに	正月かお はもっぱ	客様の何 ら干し柿	よりのご にした後
(53)	貴族社会 って越後	に生まれ に流され	ながら出 ついで常	家の後に 陸に移り	迫害によ 住んだ親

問　　題	解答用マークシート欄

	1	2	3	4	5
(44)	⊏　⊐	⊏　⊐	⊏　⊐	⊏　⊐	⊏　⊐
(45)	⊏　⊐	⊏　⊐	⊏　⊐	⊏　⊐	⊏　⊐
(46)	⊏　⊐	⊏　⊐	⊏　⊐	⊏　⊐	⊏　⊐
(47)	⊏　⊐	⊏　⊐	⊏　⊐	⊏　⊐	⊏　⊐
(48)	⊏　⊐	⊏　⊐	⊏　⊐	⊏　⊐	⊏　⊐
(49)	⊏　⊐	⊏　⊐	⊏　⊐	⊏　⊐	⊏　⊐
(50)	⊏　⊐	⊏　⊐	⊏　⊐	⊏　⊐	⊏　⊐
(51)	⊏　⊐	⊏　⊐	⊏　⊐	⊏　⊐	⊏　⊐
(52)	⊏　⊐	⊏　⊐	⊏　⊐	⊏　⊐	⊏　⊐
(53)	⊏　⊐	⊏　⊐	⊏　⊐	⊏　⊐	⊏　⊐

〔副　　本〕

1	2	3	4	5
街から山をした雄	手に少し大な姿が	上がるとよく見え	赤石山脈広々とし	の赤柴色た畑には
子供のこちそうで	ろ柿はおおやつに	正月かおはもっぱ	客様の何ら干し姉	よりのごにした後
貴族社会って越後	に生まれに流され	ながら出ついで常	家の後に陸へ移り	迫害によ住んだ親

127

	1	2	3	4	5
(54)	欧米では売はごく	店を持た当たり前	ないで目のことで	録によるむしろ一	希少本販流店ほど
(55)	豆腐狂がった著者	高じてやは毎日の	がて普茶晩酌で全	料理店の豆腐料理	主人になを食する
(56)	計画は周人事件が	到に実行折り重な	されたがり事件は	詐欺にかやがて一	らんだ殺点に絞ら
(57)	人間と獣どローマ	の闘い皇帝国の内	室の醜い情が映し	争い皇帝出されて	の暗殺なおり興味
(58)	人生に目主人公に	標もなく彼の交友	テニスにを通して	徹する椎様々な青	名煉平を春群像が
(59)	マイホー害や火災	ムを新築などで被	したり購害を受け	入したとたときな	きや風水どに税金
(60)	試験をひの中にわ	かえ机にき立ち勉	向かって強どころ	も雑念ばか本も読	かりが頭めないと

		1	2	3	4	5
(61)	ETH	291	143	289	368	980
(62)	HRW	037	265	471	584	905
(63)	BJQ	164	904	465	821	617
(64)	JBT	283	618	436	624	738
(65)	EIR	836	208	270	380	974
(66)	TEH	274	871	613	829	609
(67)	MJI	256	714	508	642	367
(68)	RWE	048	052	379	026	384
(69)	WHB	384	591	580	286	769
(70)	MIR	087	902	283	370	458

1	2	3	4	5
欧州では 売はごく	店を持た 当たり前	ないで目 のことで	録による むしろ一	希少本販 流店ほど
豆腐狂が った著者	高じてや は毎日の	がて普茶 晩酒で全	料理店の 豆腐料理	主人にな を食する
企画は周 人事件が	到に実行 折り重な	されたが り事件は	詐欺にか やがて一	らんだ殺 点に絞ら
人間と獣 どローマ	の闘い皇 帝国の内	室の醜い 情が映し	争い皇室 出されて	の暗殺な おり興味
人生に目 主人公に	的もなく 彼の交友	テニスに を通して	徹する椎 様々な青	名煉平を 春群像が
マイホー 害や火災	ムを新築 などで被	したり購 害を受け	入したと たときな	きや風水 どの税金
試験をひ の中にわ	かえ机に き立ち勉	向かって 強どころ	も雑念ば か本も読	かりが心 めないと

〈手引〉

1 = B	2 = E
3 = M	4 = Q
5 = W	6 = J
7 = I	8 = T
9 = H	0 = R

	1	2	3	4	5
(54)					
(55)					
(56)					
(57)					
(58)					
(59)					
(60)					
(61)					
(62)					
(63)					
(64)					
(65)					
(66)					
(67)					
(68)					
(69)					
(70)					

	1	2	3	4	5
(71)					
(72)					
(73)					
(74)					
(75)					
(76)					
(77)					
(78)					
(79)					
(80)					

	1	2	3	4	5
(71)	⊏ ⊐	⊏ ⊐	⊏ ⊐	⊏ ⊐	⊏ ⊐
(72)	⊏ ⊐	⊏ ⊐	⊏ ⊐	⊏ ⊐	⊏ ⊐
(73)	⊏ ⊐	⊏ ⊐	⊏ ⊐	⊏ ⊐	⊏ ⊐
(74)	⊏ ⊐	⊏ ⊐	⊏ ⊐	⊏ ⊐	⊏ ⊐
(75)	⊏ ⊐	⊏ ⊐	⊏ ⊐	⊏ ⊐	⊏ ⊐
(76)	⊏ ⊐	⊏ ⊐	⊏ ⊐	⊏ ⊐	⊏ ⊐
(77)	⊏ ⊐	⊏ ⊐	⊏ ⊐	⊏ ⊐	⊏ ⊐
(78)	⊏ ⊐	⊏ ⊐	⊏ ⊐	⊏ ⊐	⊏ ⊐
(79)	⊏ ⊐	⊏ ⊐	⊏ ⊐	⊏ ⊐	⊏ ⊐
(80)	⊏ ⊐	⊏ ⊐	⊏ ⊐	⊏ ⊐	⊏ ⊐

実戦コース

9日目　TEST 4

131

〔正　　本〕

	1	2	3	4	5
(81)	比較的軽だが靭帯	い靭帯損の損傷の	傷の場合程度が高	はこの方度な場合	法で十分や半月板
(82)	またこのいたり他	期間は長の精神障	い間の心害との鑑	身の疲労別にも役	を取り除立つと言
(83)	還付申告どがする	をする方確定申告	法は商店の用紙を	主や個人やさしく	経営者な記入する
(84)	年をとるいうが好	と幼児期みの変化	の食生活に逆わず	にもどっかつ健康	ていくとな食生活
(85)	戦国時代防を繰り	にこの地広げた時	方で徳川敵陣測量	と武田のやノロシ	両雄が攻の代わり
(86)	細く削りあとさら	出されたに和紙を	竹ひごを使った下	糸で組み絵の写し	合わせたどりと骨
(87)	家族の留ざん考え	守中に種た末天地	苗店から逆に植え	届いた苗てしまっ	木をさんたことが
(88)	彼女はそがいかに	の家族の１人の男	偽善的なの自由な	態度をあ意志と対	ばきそれ立し悲劇
(89)	さらに最コの女流	近パリで画家トワ	珍しい回イヤンの	顧展のあ紹介を行	ったチェうなど長
(90)	現在はもく過去の	はや何も黄金時代	積極的にの記憶だ	肯定するけを持っ	価値もなて静かな

		1	2	3	4	5
(91)	6 8 2	X P S	J Q C	V K C	J G K	S P X
(92)	1 3 7	G K A	S X J	A K G	V S C	Q G A
(93)	3 5 2	P K S	G Q X	K J P	C G J	K S C
(94)	5 8 1	S Q G	A K J	S V X	X P V	P S V
(95)	2 7 9	C V X	Q S A	J Q A	C A X	S P K

132

〔副　本〕

1	2	3	4	5
比較的重 だが靭帯	い靭帯損 の損傷の	傷の場合 程度が高	はこの方 度な場合	法で十分 や半月板
またこの いたり他	期間は長 の精神障	い間の心 害との監	身の疲労 別にも役	を取り除 立つと言
還付申告 どがする	をする方 確定申告	法は商店 の用紙を	主や個人 やさしく	経営者な 記録する
年をとる いうが好	と幼児期 みの変化	の食生活 に従わず	にもどっ かつ健康	ていくと な食生活
戦国時代 防を繰り	にこの地 広げた時	方で徳川 敵陣測量	と竹田の やノロシ	両雄が攻 の代わり
細く肖り あとさら	出された に和紙を	竹ひごを 使った下	糸で組み 絵の写し	合わせた どりと骨
家族の留 ざん考え	守中に種 た未天地	苗店から 逆に植え	届いた苗 てしまっ	木をさん たことが
彼女はそ がいかに	の家族の 1人の男	偽善的な の自由な	態度をあ 意志と対	ばきそれ 立し悲惨
さらに最 コの女流	近パリで 画家トワ	珍しい回 イヤンの	顧録のあ 紹介を行	ったチェ うなど長
現在はも く過去の	はや何も 黄金時代	積極的に の記憶だ	肯定する けを持っ	価値もなて て静かな

〈手引〉

1 = G	2 = C
3 = K	4 = P
5 = S	6 = J
7 = A	8 = Q
9 = X	0 = V

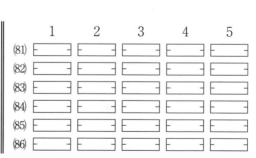

	1	2	3	4	5
(81)					
(82)					
(83)					
(84)					
(85)					
(86)					

		1	2	3	4	5
(96)	4 1 3	V K C	K P S	K J X	P G K	P Q C
(97)	8 0 4	Q V S	Q V P	S V P	J C P	V X P
(98)	0 2 1	V C G	S V C	V G A	K Q A	Q G K
(99)	6 3 7	V P A	C K A	J K A	S P Q	J A C
(100)	2 0 9	C V X	P C J	X K C	K Q S	A J X

134

〈手　引〉	解答用マークシート欄

実戦コース

9日目　TEST 4

〈手引〉

1 = G	2 = C
3 = K	4 = P
5 = S	6 = J
7 = A	8 = Q
9 = X	0 = V

解答用マークシート欄

	1	2	3	4	5
(87)					
(88)					
(89)					
(90)					
(91)					
(92)					
(93)					
(94)					
(95)					
(96)					
(97)					
(98)					
(99)					
(100)					
(101)					
(102)					
(103)					
(104)					
(105)					
(106)					
(107)					
(108)					

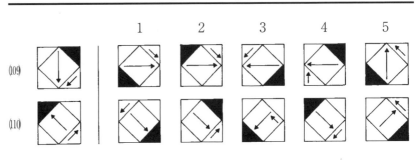

〔正　　　本〕

	1	2	3	4	5
(111)	この時期 当たり太	は陽暦に 平洋側で	なおすと は晴れの	年末年始 続く季節	のころに となるが
(112)	日本の代 なに大昔	表的な鍋 のことで	ものが発 はなく幕	明された 末から明	のはそん 治以降と
(113)	産卵期の が降り雷	ハタハタ が鳴るこ	は冬に鉛 ろになる	色の空か と一斉に	らみぞれ 岸へ押し
(114)	格段に複 アーしよ	雑化した り簡便に	新耐震設 より耐震	計を実務 的に設計	的にクリ するため
(115)	モーツア 様がまた	ルトの生 人間モー	涯を彩る ツアルト	さまざま そのもの	な人間模 がこれほ
(116)	森鷗外を 刊された	筆頭に新 文芸雑誌	詩社革新 スバルは	派を中心 耽美派に	として創 よる反自
(117)	マキアベ 哲学の古	リがなぜ 典となっ	ヨーロッ たかとい	パ人にと うのは政	って政治 教分離を
(118)	芝居も異 にしては	色だが演 珍しく長	ずる側も 寿のグル	こうした ープです	素人劇団 べて手作
(119)	模型の台 ポンジを	は発泡ス 細かくさ	チロール いたもの	で樹木や に着色し	田畑はス のりで固
(120)	現代は科 苦労して	学が進歩 物を作っ	している たり修理	のだから したりす	わざわざ る必要は

136

問　題・解答用マークシート欄

実戦コース　9日目　TEST 4

	1	2	3	4	5
(109)	⊢　⊣	⊢　⊣	⊢　⊣	⊢　⊣	⊢　⊣
(110)	⊢　⊣	⊢　⊣	⊢　⊣	⊢　⊣	⊢　⊣
(111)	⊢　⊣	⊢　⊣	⊢　⊣	⊢　⊣	⊢　⊣
(112)	⊢　⊣	⊢　⊣	⊢　⊣	⊢　⊣	⊢　⊣
(113)	⊢　⊣	⊢　⊣	⊢　⊣	⊢　⊣	⊢　⊣
(114)	⊢　⊣	⊢　⊣	⊢　⊣	⊢　⊣	⊢　⊣

	1	2	3	4	5
(115)	⊢　⊣	⊢　⊣	⊢　⊣	⊢　⊣	⊢　⊣
(116)	⊢　⊣	⊢　⊣	⊢　⊣	⊢　⊣	⊢　⊣
(117)	⊢　⊣	⊢　⊣	⊢　⊣	⊢　⊣	⊢　⊣
(118)	⊢　⊣	⊢　⊣	⊢　⊣	⊢　⊣	⊢　⊣
(119)	⊢　⊣	⊢　⊣	⊢　⊣	⊢　⊣	⊢　⊣
(120)	⊢　⊣	⊢　⊣	⊢　⊣	⊢　⊣	⊢　⊣

〔副　　本〕

1	2	3	4	5
この時期当たり太	は陽暦に西洋側で	なおすとは晴れの	年末年始続く季節	のころにとなるが
日本の代なに大昔	表的な鍋のことで	ものが発はなく幕	見された末から明	のはそん治以降と
産卵期のが降り雷	ハタハタが鳴るこ	は冬に銅ろになる	色の空かと一斉に	らみぞれ岸へ押し
格段に複アーしよ	雑化したり簡単に	新耐震設より耐震	計を実務的に設計	的にクリするため
モーツア様がまた	ルトの生人間モー	涯を彩るツアルト	さまざまそのもの	な人間模がこれま
森鷗外を刊された	筆頭に新文学雑誌	詩社革新スバルは	派を中心耽美派に	として創よる反自
マキアベ哲学の古	リがなぜ典となっ	ヨーロッたかとい	パ人にとうのは政	って政治孝分離を
芝居も異にしては	色だが演珍しく長	ずる側も持のグル	こうしたープです	素人劇団べて手作
模型の台ポンジを	は発泡ス細かくさ	チロールいたもの	で樹木とに着色し	田畑はスのりで固
現在は科苦労して	学が進歩物を作っ	しているたり修理	のだからしたりす	わざわざる必要は

(1) − 2	(2) − 5	(3) − 2	(4) − 2	(5) − 4	(6) − 5
(7) − 2	(8) − 1	(9) − 4	(10) − 2	(11) − 1	(12) − 3
(13) − 4	(14) − 1	(15) − 2	(16) − 4	(17) − 5	(18) − 2
(19) − 5	(20) − 3	(21) − 2	(22) − 4	(23) − 1	(24) − 2
(25) − 5	(26) − 4	(27) − 1	(28) − 3	(29) − 4	(30) − 2
(31) − 3	(32) − 5	(33) − 2	(34) − 1	(35) − 2	(36) − 4
(37) − 1	(38) − 5	(39) − 3	(40) − 4	(41) − 3	(42) − 4
(43) − 2	(44) − 2	(45) − 1	(46) − 4	(47) − 5	(48) − 3
(49) − 5	(50) − 1	(51) − 5	(52) − 4	(53) − 4	(54) − 1
(55) − 3	(56) − 1	(57) − 4	(58) − 2	(59) − 5	(60) − 5
(61) − 3	(62) − 5	(63) − 1	(64) − 2	(65) − 3	(66) − 4
(67) − 5	(68) − 2	(69) − 2	(70) − 4	(71) − 1	(72) − 3
(73) − 5	(74) − 4	(75) − 1	(76) − 5	(77) − 2	(78) − 4
(79) − 3	(80) − 2	(81) − 1	(82) − 3	(83) − 5	(84) − 3
(85) − 4	(86) − 1	(87) − 2	(88) − 5	(89) − 4	(90) − 3
(91) − 2	(92) − 1	(93) − 5	(94) − 1	(95) − 4	(96) − 4
(97) − 2	(98) − 1	(99) − 3	(100) − 1	(101) − 3	(102) − 4
(103) − 5	(104) − 1	(105) − 4	(106) − 3	(107) − 5	(108) − 4
(109) − 2	(110) − 1	(111) − 2	(112) − 4	(113) − 3	(114) − 2
(115) − 5	(116) − 2	(117) − 5	(118) − 3	(119) − 4	(120) − 1

セルフチェック

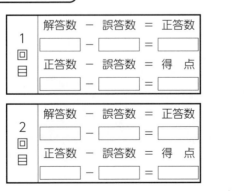

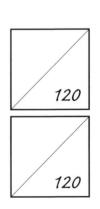

10日目 TEST 5

┌─ 解答の手順 ─┐

[**検査例Ⅰ**] 次の計算をし，その答と同じ答になる数式を下の1
〜5から選べ。たとえば，[例題] **1.** では，計算すると6になり，
右の 2×3 も6になることから，正答は3である。

[例題] **1.** $2 \times 5 - 4$

1	2	3	4	5
$15 \div 3$	$2 + 2$	2×3	3×1	$6 \div 3$

[**検査例Ⅱ**] マス目の中に置かれた4つの○印の位置を，それぞ
れ手引の表に対応させて正しく文字に置き換えたものを1〜5
から選べ。たとえば，[例題] **2.** では，マス目の○印の位置を順
次，手引の文字に対応させるとHGFBとなり，正答は4。

[例題] **2.**

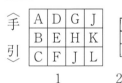

```
1        2        3        4        5
EGID     EHCL     KGEC     HGFB     HDIJ
```

[**検査例Ⅲ**] 左の図形と同じ形で向きだけが違うものを右の1〜
5から選べ。たとえば，[例題] **3.** では，2の図形が左のものと
同じ形で向きだけが違うので，正答は2である。

[例題] **3.**

	1	2	3	4	5
(1) （7 +17)÷3	3 × 3	8 − 5	4 + 1	16÷2	13 − 6
(2) 46 − 7 × 4	36 ÷ 3	2 × 9	19 − 5	3 × 7	4 + 4
(3) 38÷2 + 3	16 + 6	42÷6	7 × 3	15 − 1	6 × 4
(4) 33÷3 − 5	13 − 7	3 +11	15÷3	2 + 5	3 × 8
(5) 9 × 4 −27	3 × 4	18 − 5	7 + 4	27÷3	16÷4
(6) 84÷（5 + 2）	32÷2	4 × 6	17 − 5	5 × 2	14 − 3
(7) (17 − 9)× 3	26 − 9	7 +17	4 × 8	32÷4	11 + 8
(8) （8 +14)÷11	5 + 2	12÷ 4	6 − 2	3 × 9	1 × 2
(9) (31 −27)× 6	4 × 7	9 − 6	30÷2	31 − 7	8 +14
(10) 18 + 2 × 4	28 − 6	4 × 7	9 +17	16÷2	33÷11

〈手引〉

P	W	E	M
G	K	A	D
O	I	S	U

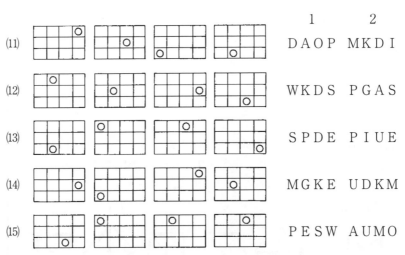

		1	2
(11)		DAOP	MKDI
(12)		WKDS	PGAS
(13)		SPDE	PIUE
(14)		MGKE	UDKM
(15)		PESW	AUMO

問　　題	解答用マークシート欄

	1	2	3	4	5
(1)	⊏＝⊐	⊏＝⊐	⊏＝⊐	⊏＝⊐	⊏＝⊐
(2)	⊏＝⊐	⊏＝⊐	⊏＝⊐	⊏＝⊐	⊏＝⊐
(3)	⊏＝⊐	⊏＝⊐	⊏＝⊐	⊏＝⊐	⊏＝⊐
(4)	⊏＝⊐	⊏＝⊐	⊏＝⊐	⊏＝⊐	⊏＝⊐
(5)	⊏＝⊐	⊏＝⊐	⊏＝⊐	⊏＝⊐	⊏＝⊐
(6)	⊏＝⊐	⊏＝⊐	⊏＝⊐	⊏＝⊐	⊏＝⊐
(7)	⊏＝⊐	⊏＝⊐	⊏＝⊐	⊏＝⊐	⊏＝⊐
(8)	⊏＝⊐	⊏＝⊐	⊏＝⊐	⊏＝⊐	⊏＝⊐
(9)	⊏＝⊐	⊏＝⊐	⊏＝⊐	⊏＝⊐	⊏＝⊐
(10)	⊏＝⊐	⊏＝⊐	⊏＝⊐	⊏＝⊐	⊏＝⊐
(11)	⊏＝⊐	⊏＝⊐	⊏＝⊐	⊏＝⊐	⊏＝⊐
(12)	⊏＝⊐	⊏＝⊐	⊏＝⊐	⊏＝⊐	⊏＝⊐
(13)	⊏＝⊐	⊏＝⊐	⊏＝⊐	⊏＝⊐	⊏＝⊐
(14)	⊏＝⊐	⊏＝⊐	⊏＝⊐	⊏＝⊐	⊏＝⊐
(15)	⊏＝⊐	⊏＝⊐	⊏＝⊐	⊏＝⊐	⊏＝⊐

3	4	5
S A E I	A M G E	M A O I
E K U I	W A S D	M E S D
G I P U	I P E U	O D M P
O M K D	D O M K	W D I U
S P W E	I G M D	U P S E

〈手引〉

P	W	E	M
G	K	A	D
O	I	S	U

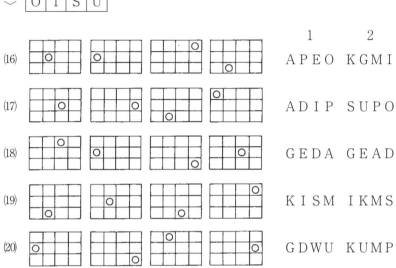

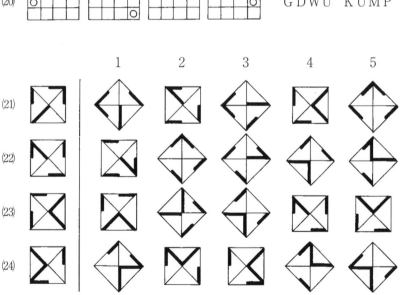

142

```
  3        4        5

MKAG   DIPA   GKIM

DAPI   EMSP   DAIW

MKUS   EUAG   EGUA

OGIE   KISE   IKSM

GUWD   UDMG   DGUM
```

	1	2	3	4	5
(16)	⊏⊐	⊏⊐	⊏⊐	⊏⊐	⊏⊐
(17)	⊏⊐	⊏⊐	⊏⊐	⊏⊐	⊏⊐
(18)	⊏⊐	⊏⊐	⊏⊐	⊏⊐	⊏⊐
(19)	⊏⊐	⊏⊐	⊏⊐	⊏⊐	⊏⊐
(20)	⊏⊐	⊏⊐	⊏⊐	⊏⊐	⊏⊐
(21)	⊏⊐	⊏⊐	⊏⊐	⊏⊐	⊏⊐
(22)	⊏⊐	⊏⊐	⊏⊐	⊏⊐	⊏⊐
(23)	⊏⊐	⊏⊐	⊏⊐	⊏⊐	⊏⊐
(24)	⊏⊐	⊏⊐	⊏⊐	⊏⊐	⊏⊐

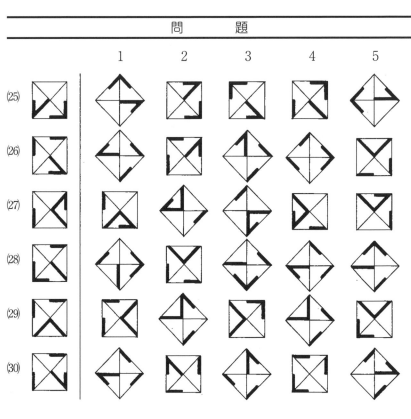

問　　題

	1	2	3	4	5

(25)
(26)
(27)
(28)
(29)
(30)

		1	2	3	4	5
(31)	$31 - 6 \times 2$	2×7	$4 + 11$	$15 \div 5$	6×3	$21 - 2$
(32)	$27 \div (11 - 8)$	$17 - 8$	$9 \div 3$	3×6	$10 + 2$	$16 \div 2$
(33)	$5 \times 3 + 7$	$30 - 16$	2×12	$25 - 3$	$21 \div 3$	$7 + 5$
(34)	$(6 + 9) \div 5$	3×3	$18 \div 9$	$2 + 1$	$5 - 4$	4×7
(35)	$54 \div 3 - 3$	$9 + 4$	$6 + 19$	3×3	$45 \div 3$	$57 - 39$
(36)	$(11 - 8) \times 2$	6×2	$25 - 17$	$12 \div 6$	$3 + 5$	$18 \div 3$
(37)	$(2 + 19) \div 7$	$11 - 7$	$18 \div 6$	$18 - 13$	4×2	$3 + 3$
(38)	$8 \times 7 - 38$	$36 \div 6$	$3 + 15$	$9 + 8$	$23 - 19$	6×4
(39)	$30 \div 5 + 7$	$9 + 4$	3×16	$12 \div 2$	$7 + 5$	$24 - 15$
(40)	$24 - 36 \div 2$	2×6	$4 + 1$	3×5	$21 - 14$	$13 - 7$

解答用マークシート欄

	1	2	3	4	5
(25)					
(26)					
(27)					
(28)					
(29)					
(30)					
(31)					
(32)					
(33)					
(34)					
(35)					
(36)					
(37)					
(38)					
(39)					
(40)					

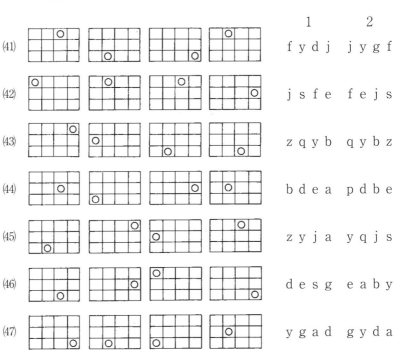

〈手引〉

s	f	j	z
q	a	p	e
d	y	b	g

		1	2
(41)		f y d j	j y g f
(42)		j s f e	f e j s
(43)		z q y b	q y b z
(44)		b d e a	p d b e
(45)		z y j a	y q j s
(46)		d e s g	e a b y
(47)		y g a d	g y d a

	3	4	5
	j b y g	j g y f	y g d e
	s j f a	e f j a	s f j e
	a z b y	z q y a	q y z b
	p d e a	d b p e	e d p a
	q z j y	y z q j	j z y q
	b s g e	b e s g	s b g e
	y g d a	b y g d	g p d a

	1	2	3	4	5
(41)					
(42)					
(43)					
(44)					
(45)					
(46)					
(47)					

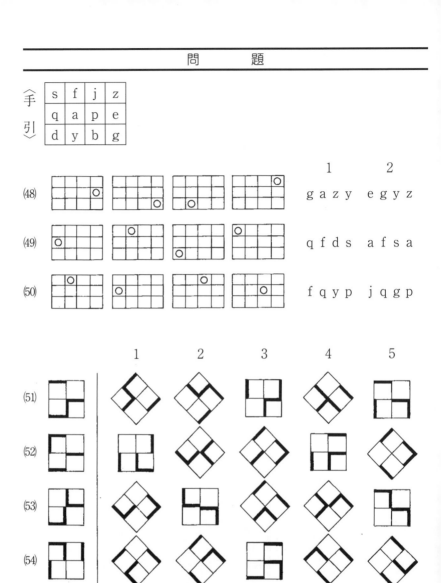

〈手引〉

s	f	j	z
q	a	p	e
d	y	b	g

		1	2
(48)		g a z y	e g y z
(49)		q f d s	a f s a
(50)		f q y p	j q g p

問　　題	解答用マークシート欄

3　　　　4　　　　5

y e g z　　b g y e　　p g y s

q f a s　　a f q e　　f d s q

f q j p　　f j q p　　j q f p

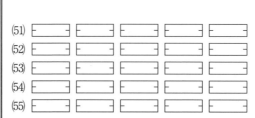

	1	2	3	4	5
(48)					
(49)					
(50)					
(51)					
(52)					
(53)					
(54)					
(55)					

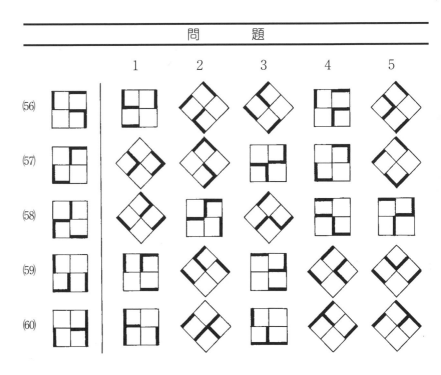

		1	2	3	4	5
(61)	$(8 + 27) \div 5$	$3 + 6$	$10 - 4$	$14 \div 2$	4×4	$8 - 3$
(62)	$4 \times 6 - 19$	$12 - 7$	$8 \div 2$	$7 + 7$	$13 - 5$	$3 + 4$
(63)	$32 \div 2 + 4$	$40 \div 4$	$6 + 12$	$8 - 1$	$16 \div 2$	4×5
(64)	$21 - 9 \times 2$	$11 - 8$	2×3	$6 + 6$	$3 + 4$	$15 \div 3$
(65)	$32 - 12 \div 3$	$21 + 3$	$24 \div 6$	2×14	$13 - 5$	$9 + 1$
(66)	$12 \times 6 \div 4$	$15 - 8$	$2 + 6$	$16 \div 4$	2×9	$17 - 5$
(67)	$(13 - 4) \times 4$	6×12	$7 - 4$	$13 - 8$	$12 \div 3$	2×18
(68)	$9 \div 3 + 9$	$18 \div 2$	$36 \div 3$	$5 + 6$	$21 - 11$	8×2
(69)	$(7 + 8) \times 2$	$40 - 15$	$16 + 14$	$30 \div 2$	8×5	$17 + 12$
(70)	$26 \div 13 \times 7$	$10 + 2$	3×6	$23 - 9$	$4 + 5$	$24 \div 4$

解答用マークシート欄

	1	2	3	4	5
(56)	⊏⊐	⊏⊐	⊏⊐	⊏⊐	⊏⊐
(57)	⊏⊐	⊏⊐	⊏⊐	⊏⊐	⊏⊐
(58)	⊏⊐	⊏⊐	⊏⊐	⊏⊐	⊏⊐
(59)	⊏⊐	⊏⊐	⊏⊐	⊏⊐	⊏⊐
(60)	⊏⊐	⊏⊐	⊏⊐	⊏⊐	⊏⊐
(61)	⊏⊐	⊏⊐	⊏⊐	⊏⊐	⊏⊐
(62)	⊏⊐	⊏⊐	⊏⊐	⊏⊐	⊏⊐
(63)	⊏⊐	⊏⊐	⊏⊐	⊏⊐	⊏⊐
(64)	⊏⊐	⊏⊐	⊏⊐	⊏⊐	⊏⊐
(65)	⊏⊐	⊏⊐	⊏⊐	⊏⊐	⊏⊐
(66)	⊏⊐	⊏⊐	⊏⊐	⊏⊐	⊏⊐
(67)	⊏⊐	⊏⊐	⊏⊐	⊏⊐	⊏⊐
(68)	⊏⊐	⊏⊐	⊏⊐	⊏⊐	⊏⊐
(69)	⊏⊐	⊏⊐	⊏⊐	⊏⊐	⊏⊐
(70)	⊏⊐	⊏⊐	⊏⊐	⊏⊐	⊏⊐

問　　題

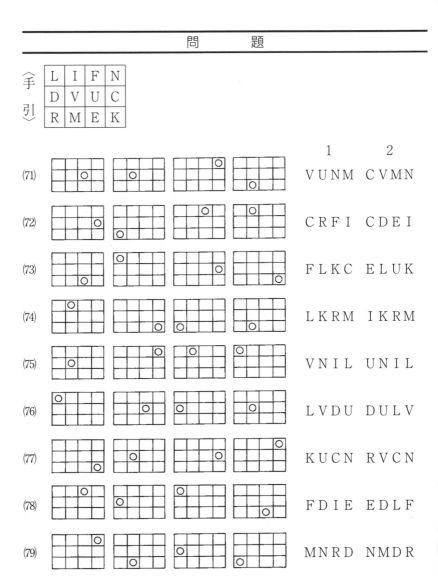

〈手引〉

L	I	F	N
D	V	U	C
R	M	E	K

					1	2
(71)					VUNM	CVMN
(72)					CRFI	CDEI
(73)					FLKC	ELUK
(74)					LKRM	IKRM
(75)					VNIL	UNIL
(76)					LVDU	DULV
(77)					KUCN	RVCN
(78)					FDIE	EDLF
(79)					MNRD	NMDR
(80)					CVUD	DVCU

	1	2	3	4	5
(71)	⊏　⊐	⊏　⊐	⊏　⊐	⊏　⊐	⊏　⊐
(72)	⊏　⊐	⊏　⊐	⊏　⊐	⊏　⊐	⊏　⊐
(73)	⊏　⊐	⊏　⊐	⊏　⊐	⊏　⊐	⊏　⊐
(74)	⊏　⊐	⊏　⊐	⊏　⊐	⊏　⊐	⊏　⊐
(75)	⊏　⊐	⊏　⊐	⊏　⊐	⊏　⊐	⊏　⊐
(76)	⊏　⊐	⊏　⊐	⊏　⊐	⊏　⊐	⊏　⊐
(77)	⊏　⊐	⊏　⊐	⊏　⊐	⊏　⊐	⊏　⊐
(78)	⊏　⊐	⊏　⊐	⊏　⊐	⊏　⊐	⊏　⊐
(79)	⊏　⊐	⊏　⊐	⊏　⊐	⊏　⊐	⊏　⊐
(80)	⊏　⊐	⊏　⊐	⊏　⊐	⊏　⊐	⊏　⊐

```
          3        4        5
        UVNM    CVNM    UNVM

        DCRL    CRFL    CDRI

        EICN    FLCR    ELCK

        IKMR    IRKM    LKMR

        NVLI    UVLI    VLNI

        IDVU    LUDV    ULVD

        KUDN    KVCN    NVCK

        FCIE    EDIF    FDLE

        NMCR    KMDR    MNRC

        VDUC    UDVC    DUCV
```

実戦コース

10日目　TEST 5

	1	2	3	4	5
(81)					
(82)					
(83)					
(84)					
(85)					
(86)					
(87)					
(88)					
(89)					
(90)					

	1	2	3	4	5
(81)	[ ]	[ ]	[ ]	[ ]	[ ]
(82)	[ ]	[ ]	[ ]	[ ]	[ ]
(83)	[ ]	[ ]	[ ]	[ ]	[ ]
(84)	[ ]	[ ]	[ ]	[ ]	[ ]
(85)	[ ]	[ ]	[ ]	[ ]	[ ]
(86)	[ ]	[ ]	[ ]	[ ]	[ ]
(87)	[ ]	[ ]	[ ]	[ ]	[ ]
(88)	[ ]	[ ]	[ ]	[ ]	[ ]
(89)	[ ]	[ ]	[ ]	[ ]	[ ]
(90)	[ ]	[ ]	[ ]	[ ]	[ ]

実戦コース

10日目 TEST 5

	1	2	3	4	5
(91) $42 - 6 \times 6$	6×3	$10 \div 2$	$17 + 5$	4×4	$25 - 19$
(92) $(8 + 5) \times 3$	$33 - 11$	$17 + 13$	$48 \div 2$	$18 + 16$	$42 - 3$
(93) $9 \times 4 \div 2$	$9 + 9$	$21 - 4$	7×2	$20 - 18$	$36 \div 3$
(94) $(21 - 18) \times 3$	$3 \div 3$	$15 - 6$	$14 - 7$	$6 \div 3$	$11 + 2$
(95) $13 + 24 \div 8$	3×5	$32 \div 4$	$7 + 19$	2×8	$19 - 5$
(96) $56 \div 14 \times 5$	$25 - 15$	$17 + 3$	$8 + 13$	$37 - 20$	$40 \div 10$
(97) $3 \times 9 - 18$	$11 + 3$	$10 - 2$	$27 \div 3$	$6 + 6$	6×3
(98) $28 - 27 \div 3$	$57 \div 3$	11×3	$17 - 15$	$42 \div 3$	$9 + 8$
(99) $12 \times 7 - 36$	6×7	$96 \div 4$	$22 + 3$	3×16	$52 - 6$
(100) $22 \div 2 + 3$	$23 - 7$	$9 + 6$	10×5	$33 - 19$	$30 \div 3$

〈手引〉

n	k	m	u
h	c	o	f
j	i	r	t

					1	2
(101)					i u c j	i u o j
(102)					h t k f	k f h t
(103)					r n m h	m n k r
(104)					j c t u	c j t u

	1	2	3	4	5
(91)	⊏　⊐	⊏　⊐	⊏　⊐	⊏　⊐	⊏　⊐
(92)	⊏　⊐	⊏　⊐	⊏　⊐	⊏　⊐	⊏　⊐
(93)	⊏　⊐	⊏　⊐	⊏　⊐	⊏　⊐	⊏　⊐
(94)	⊏　⊐	⊏　⊐	⊏　⊐	⊏　⊐	⊏　⊐
(95)	⊏　⊐	⊏　⊐	⊏　⊐	⊏　⊐	⊏　⊐
(96)	⊏　⊐	⊏　⊐	⊏　⊐	⊏　⊐	⊏　⊐
(97)	⊏　⊐	⊏　⊐	⊏　⊐	⊏　⊐	⊏　⊐
(98)	⊏　⊐	⊏　⊐	⊏　⊐	⊏　⊐	⊏　⊐
(99)	⊏　⊐	⊏　⊐	⊏　⊐	⊏　⊐	⊏　⊐
(100)	⊏　⊐	⊏　⊐	⊏　⊐	⊏　⊐	⊏　⊐
(101)	⊏　⊐	⊏　⊐	⊏　⊐	⊏　⊐	⊏　⊐
(102)	⊏　⊐	⊏　⊐	⊏　⊐	⊏　⊐	⊏　⊐
(103)	⊏　⊐	⊏　⊐	⊏　⊐	⊏　⊐	⊏　⊐
(104)	⊏　⊐	⊏　⊐	⊏　⊐	⊏　⊐	⊏　⊐

実戦コース

10日目　TEST 5

3	4	5
j u c i	i c u j	j u o i
f h k r	h f k t	k t h f
r m n h	n m r h	u m n h
i c t u	i c f u	j c f u

157

〈手引〉

n	k	m	u
h	c	o	f
j	i	r	t

	1	2
(105)	t n c r	t m r c
(106)	h m o n	m h n o
(107)	r n i t	n r i f
(108)	r t c f	c r t f
(109)	o r i j	c u i j
(110)	k f t r	h t f r

```
   3       4       5

f n c r   t n r c   t m c r

n k m o   m n o h   n h m o

r n f i   n r j f   n t i f

o f r t   c f r t   f c t r

o u i j   o r j i   o u j i

t k r f   k t f r   k r f t
```

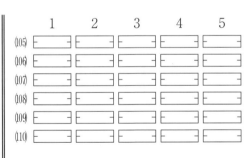

	1	2	3	4	5
(111)					
(112)					
(113)					
(114)					
(115)					
(116)					
(117)					
(118)					
(119)					
(120)					

	1	2	3	4	5
(111)					
(112)					
(113)					
(114)					
(115)					
(116)					
(117)					
(118)					
(119)					
(120)					

実戦コース

10日目　TEST 5

(1) － 4	(2) － 2	(3) － 1	(4) － 1	(5) － 4	(6) － 3
(7) － 2	(8) － 5	(9) － 4	(10) － 3	(11) － 5	(12) － 1
(13) － 4	(14) － 4	(15) － 3	(16) － 2	(17) － 1	(18) － 5
(19) － 5	(20) － 3	(21) － 3	(22) － 3	(23) － 5	(24) － 4
(25) － 1	(26) － 1	(27) － 2	(28) － 5	(29) － 4	(30) － 2
(31) － 5	(32) － 1	(33) － 3	(34) － 3	(35) － 4	(36) － 5
(37) － 2	(38) － 2	(39) － 1	(40) － 5	(41) － 2	(42) － 5
(43) － 1	(44) － 3	(45) － 4	(46) － 4	(47) － 2	(48) － 2
(49) － 1	(50) － 3	(51) － 1	(52) － 3	(53) － 4	(54) － 5
(55) － 1	(56) － 3	(57) － 2	(58) － 5	(59) － 2	(60) － 4
(61) － 3	(62) － 1	(63) － 5	(64) － 1	(65) － 3	(66) － 4
(67) － 5	(68) － 2	(69) － 2	(70) － 3	(71) － 3	(72) － 1
(73) － 5	(74) － 2	(75) － 1	(76) － 4	(77) － 4	(78) － 5
(79) － 2	(80) － 3	(81) － 3	(82) － 2	(83) － 5	(84) － 1
(85) － 5	(86) － 4	(87) － 1	(88) － 3	(89) － 2	(90) － 4
(91) － 5	(92) － 5	(93) － 1	(94) － 2	(95) － 4	(96) － 2
(97) － 3	(98) － 1	(99) － 4	(100) － 4	(101) － 1	(102) － 4
(103) － 3	(104) － 5	(105) － 1	(106) － 2	(107) － 2	(108) － 4
(109) － 3	(110) － 4	(111) － 5	(112) － 3	(113) － 5	(114) － 2
(115) － 4	(116) － 3	(117) － 1	(118) － 1	(119) － 4	(120) － 5

セルフチェック

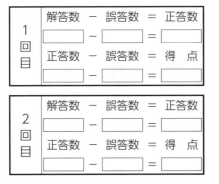

	解答数 － 誤答数 ＝ 正答数
1回目	□ － □ ＝ □
	正答数 － 誤答数 ＝ 得　点
	□ － □ ＝ □

	解答数 － 誤答数 ＝ 正答数
2回目	□ － □ ＝ □
	正答数 － 誤答数 ＝ 得　点
	□ － □ ＝ □

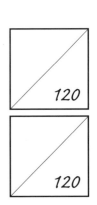

/ 120

/ 120

11日目 TEST 6

日	月	火	水	木	金	土
~~1~~	~~2~~	~~3~~	~~4~~	~~5~~	~~6~~	~~7~~
8	~~9~~	~~10~~	11	12	13	14
15						

実戦コース

11日目 TEST 6

〔解答の手順〕

[**検査例Ⅰ**] 次の正本と副本を照合し，誤っている文字の数を答えよ。ただし，誤りのない場合は5とする。たとえば，[例題] **1.**では，「切」「向」の2字が誤っているので，正答は2。

〔正　　　本〕

[例題] **1.**　大事なのは事実から何を学び何を教

〔副　　　本〕

　大切なのは事実から向を学び何を教

[**検査例Ⅱ**] 次のアルファベットを手引1に従って数字に置きかえ，各組の差の合計を手引2で分類せよ。たとえば，[例題] **2.**では，5組の差は1，2，3，1，1になり，合計の8は手引2の1の欄に含まれるので，正答は1となる。

〈手引1〉

E	I	A	F	B	G	C	H	D
5	2	7	3	9	4	8	1	6

〈手引2〉

1	2	3	4	5
8	3	12	5	1
2	14	7	10	13
11	9	4	15	6

[例題] **2.**　A—8　　H—3　　D—3　　F—2　　I—3

[**検査例Ⅲ**] 次のアルファベットとカタカナの組を手引に従って点に置きかえ，それらを結んでできる図形は1～5のどれか。たとえば，[例題] **3.**では，手引に従ってできる図形は4と同じなので，正答は4となる。

〈手引〉

	ア	イ	ウ	エ
A	・	・	・	・
B	・	・	・	・
C	・	・	・	・
D	・	・	・	・

[例題] **3.**

Aア–Bエ–Dウ

1	2	3	4	5

〔正本〕　　　　　　　　　　　　　　　　　〔副

(1)　弁護士を開業するつもりが日本の留　　　弁獲士を開業する

(2)　原爆反対運動が盛んになるに従って　　　源爆反対運働が盛

(3)　自分の意見をいわずに相手に合わせ　　　自分の意見をいわ

(4)　これまでの改善傾向が逆転し前年度　　　これまでの改喜傾

(5)　今回交渉は大筋で両国間貿易の拡大　　　今回交歩は大筋で

(6)　月並みな言葉しか浮かんでこないが　　　月並みな言葉しか

(7)　身近なところから頭の体操をしてみ　　　身近なところから

(8)　汚染物質が地表近くに滞留しやすい　　　汚染物質が他表近

(9)　地下鉄を降りようとすると後ろから　　　地下鉄を降りよう

(10)　皮膚の色が違う子を育てるのが珍ら　　　皮膚の色の偉う子

〈手引1〉

F	A	B	E	G	I	C	H	D
2	6	7	3	8	4	5	9	1

〈手引2〉

1	2	3	4	5
14	4	12	6	2
3	11	9	1	8
10	7	5	13	15

(11)　D－3　　C－4　　B－5　　F－5　　G－5

(12)　E－1　　I－2　　D－4　　A－10　　C－1

(13)　F－3　　A－3　　I－3　　H－7　　E－3

(14)　C－4　　E－5　　A－6　　I－3　　B－6

(15)　H－9　　G－6　　D－1　　B－6　　F－0

(16)　G－7　　C－4　　H－9　　E－7　　A－3

(17)　B－4　　E－3　　D－3　　F－4　　I－3

(18)　A－3　　I－5　　E－5　　I－1　　B－6

(19)　D－1　　C－4　　G－8　　E－2　　H－5

(20)　C－4　　G－6　　B－7　　F－2　　I－3

解答用マークシート欄

本〕
つもりで日本の留
んになるに征って
ずに相手に会わせ
向で逆軒し前年席
両国間貿易の拓大
浮かんでこないが
頭の体燥をしてみ
くに帯留しやすい
とすると後ろから
を育てるのが診ら

	1	2	3	4	5
(1)					
(2)					
(3)					
(4)					
(5)					
(6)					
(7)					
(8)					
(9)					
(10)					
(11)					
(12)					
(13)					
(14)					
(15)					
(16)					
(17)					
(18)					
(19)					
(20)					

実戦コース

11日目　TEST 6

	1	2	3	4	5
(21)　Ｂア−Ｃア−Ａエ					
(22)　Ａウ−Ａエ−Ｄエ					
(23)　Ｃア−Ｄイ−Ｂエ					
(24)　Ｂア−Ｂイ−Ｃイ					
(25)　Ａア−Ａウ−Ｄエ					
(26)　Ａイ−Ｃエ−Ｄウ					
(27)　Ｃイ−Ｃエ−Ｂイ					
(28)　Ａエ−Ｄイ−Ｄエ					
(29)　Ａウ−Ｄウ−Ｂア					
(30)　Ａア−Ａエ−Ｂウ					

〈手　引〉	解答用マークシート欄

〈手　引〉

	ア	イ	ウ	エ
A	・	・	・	・
B	・	・	・	・
C	・	・	・	・
D	・	・	・	・

（手引）

解答用マークシート欄

	1	2	3	4	5
(21)	⊏⊐	⊏⊐	⊏⊐	⊏⊐	⊏⊐
(22)	⊏⊐	⊏⊐	⊏⊐	⊏⊐	⊏⊐
(23)	⊏⊐	⊏⊐	⊏⊐	⊏⊐	⊏⊐
(24)	⊏⊐	⊏⊐	⊏⊐	⊏⊐	⊏⊐
(25)	⊏⊐	⊏⊐	⊏⊐	⊏⊐	⊏⊐
(26)	⊏⊐	⊏⊐	⊏⊐	⊏⊐	⊏⊐
(27)	⊏⊐	⊏⊐	⊏⊐	⊏⊐	⊏⊐
(28)	⊏⊐	⊏⊐	⊏⊐	⊏⊐	⊏⊐
(29)	⊏⊐	⊏⊐	⊏⊐	⊏⊐	⊏⊐
(30)	⊏⊐	⊏⊐	⊏⊐	⊏⊐	⊏⊐

実戦コース

11日目　TEST 6

〔正本〕　　　　　　　　　　　　　　　　　　〔副

(31)　わずか数ミリの世界の中で繰り広げ　　　わずか数ミリの世

(32)　室内の仕事が多くなったそのころ始　　　宝内の任事が多く

(33)　自分で設計した飛行機を飛ばして満　　　自分で記計した飛

(34)　植物の写真は造形的にも色調的にも　　　値物の写慎は造型

(35)　今度は花や葉の上で生きている小さ　　　今度は花や棄の上

(36)　食文化を見直すきっかけにしてほし　　　食文化を見直すき

(37)　教育の現場で文化の伝承をしてもら　　　教育の現易が文化

(38)　茶つみと製茶など農と食を結ぶ講習　　　茶つみと制茶など

(39)　ぼくたちの行動が多少なりとも音楽　　　ぼくたちの行動が

(40)　信者たちは札に願いごとを託すわけ　　　信者たちは礼に願

〈手引1〉

L	Q	M	P	J	O	K	N	R
4	7	5	6	2	3	1	9	8

〈手引2〉

1	2	3	4	5
3	11	2	5	9
10	4	7	15	13
6	14	12	8	1

(41)　Q—5　　O—3　　N—11　　R—7　　M—3

(42)　L—4　　M—5　　J—3　　K—1　　P—6

(43)　J—1　　K—4　　R—6　　Q—4　　L—1

(44)　P—7　　N—7　　M—4　　L—4　　Q—6

(45)　R—6　　J—5　　P—3　　K—2　　N—8

(46)　K—3　　Q—8　　L—2　　R—5　　M—2

(47)　Q—5　　L—2　　K—4　　J—2　　P—4

(48)　N—8　　K—3　　O—5　　M—5　　L—3

(49)　O—6　　P—2　　M—4　　Q—5　　R—6

(50)　K—1　　M—4　　Q—6　　L—4　　N—8

問　　題	解答用マークシート欄

本〕
界の仲で操り広げ
なってそのころ姑
行機を飛ばして満
的にも色調約にも
で生きている小さ
っかけにしてほし
の仏承をしてもら
濃と食を詰ぶ構習
多少なりとも音楽
いごとを託すわけ

	1	2	3	4	5
(31)					
(32)					
(33)					
(34)					
(35)					
(36)					
(37)					
(38)					
(39)					
(40)					
(41)					
(42)					
(43)					
(44)					
(45)					
(46)					
(47)					
(48)					
(49)					
(50)					

		1	2	3	4	5
(51)	C ア－D エ－D イ					
(52)	A ア－D イ－A エ					
(53)	D ア－C エ－C イ					
(54)	B ア－D エ－A ウ					
(55)	A イ－C ウ－D イ					
(56)	D ア－D ウ－A ア					
(57)	D イ－B ウ－C エ					
(58)	B ア－C ウ－A エ					
(59)	C イ－D ウ－B エ					
(60)	A ア－D エ－B ウ					

<table>
<tr><th colspan="5">〈手　引〉</th><th colspan="5">解答用マークシート欄</th></tr>
</table>

		ア	イ	ウ	エ
（手引）	A	・	・	・	・
	B	・	・	・	・
	C	・	・	・	・
	D	・	・	・	・

解答用マークシート欄

	1	2	3	4	5
(51)	⊏　⊐	⊏　⊐	⊏　⊐	⊏　⊐	⊏　⊐
(52)	⊏　⊐	⊏　⊐	⊏　⊐	⊏　⊐	⊏　⊐
(53)	⊏　⊐	⊏　⊐	⊏　⊐	⊏　⊐	⊏　⊐
(54)	⊏　⊐	⊏　⊐	⊏　⊐	⊏　⊐	⊏　⊐
(55)	⊏　⊐	⊏　⊐	⊏　⊐	⊏　⊐	⊏　⊐
(56)	⊏　⊐	⊏　⊐	⊏　⊐	⊏　⊐	⊏　⊐
(57)	⊏　⊐	⊏　⊐	⊏　⊐	⊏　⊐	⊏　⊐
(58)	⊏　⊐	⊏　⊐	⊏　⊐	⊏　⊐	⊏　⊐
(59)	⊏　⊐	⊏　⊐	⊏　⊐	⊏　⊐	⊏　⊐
(60)	⊏　⊐	⊏　⊐	⊏　⊐	⊏　⊐	⊏　⊐

問 題

〔正本〕 〔副

(61) アメリカのお祭りは派手で明るいが　　アメリカのお祭り

(62) 陽気な音楽が流れ笑い声を包み込む　　湯気な音楽が流れ

(63) 目を向けるのは楽しげなカップルよ　　目を向けるのは楽

(64) おそらく屋外で働く労働者であろう　　おそらく屋外に働

(65) 単純な構成だが日曜日の午後のけだ　　単紀な構成だが日

(66) まどろみの中で見る夢までも伝わる　　まどろみの中で見

(67) 不当な裁判の末に処刑された事件を　　木当な裁判の末の

(68) 社会の不正を告発するような作品を　　社会の不正を舎発

(69) 笑い声に背を向けて眠っている男を　　笑い声に背を向け

(70) 射的屋の軒先で店主らしい男が眠り　　謝的屋の幹先で店

〈手引1〉

U	Y	V	Z	S	W	A	X	T
4	7	5	1	8	2	6	9	3

〈手引2〉

1	2	3	4	5
2	15	4	9	6
7	10	11	1	13
12	3	8	14	5

(71) Y—7　Z—3　U—3　T—5　A—3

(72) T—5　X—5　W—1　S—11　V—5

(73) Z—3　W—4　T—2　A—3　Y—8

(74) U—2　V—2　Z—1　X—8　A—7

(75) X—6　S—8　V—4　U—4　T—2

(76) W—5　A—3　X—7　T—5　Y—5

(77) A—5　X—9　Y—7　U—3　T—4

(78) W—5　S—5　Z—3　V—2　X—7

(79) U—1　V—4　A—6　W—4　S—9

(80) T—2　X—11　S—7　U—1　Y—6

| 問　　題 | 解答用マークシート欄 |

解答用マークシート欄

本〕
は派手で明るいが
笑い声を抱み入む
しげなカップルよ
く労動者であろう
曜日の午後のけが
る夢までも伝わる
処型された事件を
するような作品を
て眠っている男を
主らしき男が眠り

	1	2	3	4	5
(61)					
(62)					
(63)					
(64)					
(65)					
(66)					
(67)					
(68)					
(69)					
(70)					
(71)					
(72)					
(73)					
(74)					
(75)					
(76)					
(77)					
(78)					
(79)					
(80)					

実戦コース

11日目　TEST 6

	問　　　題				
	1	2	3	4	5
(81)　Aイ-Aウ-Cエ					
(82)　Bエ-Cウ-Aア					
(83)　Aエ-Dイ-Bア					
(84)　Cア-Bイ-Dエ					
(85)　Aイ-Dア-Dエ					
(86)　Bア-Dウ-Cア					
(87)　Aイ-Dイ-Bウ					
(88)　Aア-Cウ-Bエ					
(89)　Cエ-Dエ-Aア					
(90)　Bウ-Cア-Cエ					

174

〈手 引〉	解答用マークシート欄

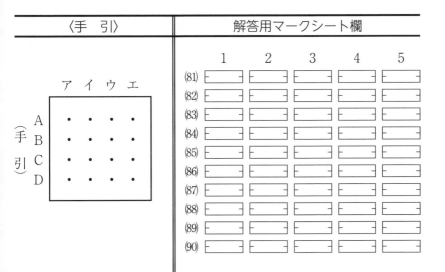

<table>
<tr><td></td><td>1</td><td>2</td><td>3</td><td>4</td><td>5</td></tr>
<tr><td>(81)</td><td>⊏ ⊐</td><td>⊏ ⊐</td><td>⊏ ⊐</td><td>⊏ ⊐</td><td>⊏ ⊐</td></tr>
<tr><td>(82)</td><td>⊏ ⊐</td><td>⊏ ⊐</td><td>⊏ ⊐</td><td>⊏ ⊐</td><td>⊏ ⊐</td></tr>
<tr><td>(83)</td><td>⊏ ⊐</td><td>⊏ ⊐</td><td>⊏ ⊐</td><td>⊏ ⊐</td><td>⊏ ⊐</td></tr>
<tr><td>(84)</td><td>⊏ ⊐</td><td>⊏ ⊐</td><td>⊏ ⊐</td><td>⊏ ⊐</td><td>⊏ ⊐</td></tr>
<tr><td>(85)</td><td>⊏ ⊐</td><td>⊏ ⊐</td><td>⊏ ⊐</td><td>⊏ ⊐</td><td>⊏ ⊐</td></tr>
<tr><td>(86)</td><td>⊏ ⊐</td><td>⊏ ⊐</td><td>⊏ ⊐</td><td>⊏ ⊐</td><td>⊏ ⊐</td></tr>
<tr><td>(87)</td><td>⊏ ⊐</td><td>⊏ ⊐</td><td>⊏ ⊐</td><td>⊏ ⊐</td><td>⊏ ⊐</td></tr>
<tr><td>(88)</td><td>⊏ ⊐</td><td>⊏ ⊐</td><td>⊏ ⊐</td><td>⊏ ⊐</td><td>⊏ ⊐</td></tr>
<tr><td>(89)</td><td>⊏ ⊐</td><td>⊏ ⊐</td><td>⊏ ⊐</td><td>⊏ ⊐</td><td>⊏ ⊐</td></tr>
<tr><td>(90)</td><td>⊏ ⊐</td><td>⊏ ⊐</td><td>⊏ ⊐</td><td>⊏ ⊐</td><td>⊏ ⊐</td></tr>
</table>

実戦コース

11日目 TEST 6

175

〔正本〕　　　　　　　　　　　　　　　　　〔副

(91)　絵で見かけた人びとも写真集の中に　　　絵で見かけた人び
(92)　腕の位置も足の組み方も絵の男とそ　　　腕の仕置も定の助
(93)　特殊な装置で相手に気づかれないよ　　　持殊な装直で相手
(94)　この仕事のために各地を旅行して実　　　この仕事のために
(95)　時折レンズの覆いを外し忘れるのだ　　　時折レンズの覆い
(96)　写真がもつ細部の表現に面白さを感　　　写真がもつ細倍の
(97)　芸術家も生活苦にあえいでいた中で　　　芸術稼も生活若に
(98)　救済のために政府は大量の作品を買　　　求済のために政府
(99)　追憶が僕らの血となり眠りとなり表　　　追憶が業らの皿に
(100)　ふとした偶然に一篇の詩の最初の言　　　ふとした偶然に一

〈手引1〉

G	D	H	B	E	I	J	C	F
3	7	4	9	5	6	1	8	2

〈手引2〉

1	2	3	4	5
3	9	13	1	6
7	14	4	10	12
11	2	8	15	5

(101)　G－2　　I－6　　F－2　　C－7　　H－3
(102)　B－6　　E－7　　J－3　　H－4　　D－6
(103)　H－4　　B－8　　C－5　　F－4　　G－6
(104)　C－10　F－2　　I－2　　E－1　　B－7
(105)　F－3　　C－8　　E－3　　H－4　　D－5
(106)　D－6　　I－4　　B－9　　C－7　　E－2
(107)　H－4　　I－5　　C－6　　F－4　　G－6
(108)　J－3　　E－10　B－7　　H－1　　D－5
(109)　F－5　　C－8　　I－5　　B－7　　H－3
(110)　G－2　　D－6　　F－4　　I－3　　E－3

| 問　　題 | 解答用マークシート欄 |

本〕

とも写慎集の中に
み方も絵の勇とそ
に気ずかれないよ
各地を放行して実
を外し忘れるのだ
表現に面目さを感
あえいでいる中で
は大量の作品を買
なり眠りになり表
篇の詩の最初の言

	1	2	3	4	5
(91)	⊏　⊐	⊏　⊐	⊏　⊐	⊏　⊐	⊏　⊐
(92)	⊏　⊐	⊏　⊐	⊏　⊐	⊏　⊐	⊏　⊐
(93)	⊏　⊐	⊏　⊐	⊏　⊐	⊏　⊐	⊏　⊐
(94)	⊏　⊐	⊏　⊐	⊏　⊐	⊏　⊐	⊏　⊐
(95)	⊏　⊐	⊏　⊐	⊏　⊐	⊏　⊐	⊏　⊐
(96)	⊏　⊐	⊏　⊐	⊏　⊐	⊏　⊐	⊏　⊐
(97)	⊏　⊐	⊏　⊐	⊏　⊐	⊏　⊐	⊏　⊐
(98)	⊏　⊐	⊏　⊐	⊏　⊐	⊏　⊐	⊏　⊐
(99)	⊏　⊐	⊏　⊐	⊏　⊐	⊏　⊐	⊏　⊐
(100)	⊏　⊐	⊏　⊐	⊏　⊐	⊏　⊐	⊏　⊐
(101)	⊏　⊐	⊏　⊐	⊏　⊐	⊏　⊐	⊏　⊐
(102)	⊏　⊐	⊏　⊐	⊏　⊐	⊏　⊐	⊏　⊐
(103)	⊏　⊐	⊏　⊐	⊏　⊐	⊏　⊐	⊏　⊐
(104)	⊏　⊐	⊏　⊐	⊏　⊐	⊏　⊐	⊏　⊐
(105)	⊏　⊐	⊏　⊐	⊏　⊐	⊏　⊐	⊏　⊐
(106)	⊏　⊐	⊏　⊐	⊏　⊐	⊏　⊐	⊏　⊐
(107)	⊏　⊐	⊏　⊐	⊏　⊐	⊏　⊐	⊏　⊐
(108)	⊏　⊐	⊏　⊐	⊏　⊐	⊏　⊐	⊏　⊐
(109)	⊏　⊐	⊏　⊐	⊏　⊐	⊏　⊐	⊏　⊐
(110)	⊏　⊐	⊏　⊐	⊏　⊐	⊏　⊐	⊏　⊐

実戦コース

11日目　TEST 6

問　　　題

	1	2	3	4	5
(111)　Bイ-Cア-Dエ					
(112)　Aイ-Bエ-Dア					
(113)　Aウ-Dウ-Bア					
(114)　Aウ-Cエ-Dア					
(115)　Bウ-Dエ-Bア					
(116)　Cウ-Dウ-Dエ					
(117)　Bエ-Dア-Cエ					
(118)　Aウ-Dア-Bエ					
(119)　Cイ-Aエ-Dエ					
(120)　Bア-Dエ-Cア					

178

〈手 引〉	解答用マークシート欄

	1	2	3	4	5
(111)	⊏ ⊐	⊏ ⊐	⊏ ⊐	⊏ ⊐	⊏ ⊐
(112)	⊏ ⊐	⊏ ⊐	⊏ ⊐	⊏ ⊐	⊏ ⊐
(113)	⊏ ⊐	⊏ ⊐	⊏ ⊐	⊏ ⊐	⊏ ⊐
(114)	⊏ ⊐	⊏ ⊐	⊏ ⊐	⊏ ⊐	⊏ ⊐
(115)	⊏ ⊐	⊏ ⊐	⊏ ⊐	⊏ ⊐	⊏ ⊐
(116)	⊏ ⊐	⊏ ⊐	⊏ ⊐	⊏ ⊐	⊏ ⊐
(117)	⊏ ⊐	⊏ ⊐	⊏ ⊐	⊏ ⊐	⊏ ⊐
(118)	⊏ ⊐	⊏ ⊐	⊏ ⊐	⊏ ⊐	⊏ ⊐
(119)	⊏ ⊐	⊏ ⊐	⊏ ⊐	⊏ ⊐	⊏ ⊐
(120)	⊏ ⊐	⊏ ⊐	⊏ ⊐	⊏ ⊐	⊏ ⊐

実戦コース

11日目　TEST6

179

(1) — 2	(2) — 3	(3) — 1	(4) — 4	(5) — 2	(6) — 5
(7) — 1	(8) — 2	(9) — 5	(10) — 3	(11) — 2	(12) — 5
(13) — 2	(14) — 3	(15) — 3	(16) — 3	(17) — 5	(18) — 1
(19) — 4	(20) — 2	(21) — 2	(22) — 2	(23) — 5	(24) — 1
(25) — 3	(26) — 1	(27) — 2	(28) — 4	(29) — 5	(30) — 3
(31) — 2	(32) — 4	(33) — 1	(34) — 4	(35) — 1	(36) — 5
(37) — 3	(38) — 4	(39) — 5	(40) — 1	(41) — 3	(42) — 5
(43) — 3	(44) — 4	(45) — 1	(46) — 2	(47) — 5	(48) — 1
(49) — 3	(50) — 1	(51) — 5	(52) — 3	(53) — 2	(54) — 2
(55) — 1	(56) — 5	(57) — 4	(58) — 4	(59) — 3	(60) — 1
(61) — 5	(62) — 3	(63) — 5	(64) — 2	(65) — 3	(66) — 5
(67) — 4	(68) — 1	(69) — 5	(70) — 3	(71) — 3	(72) — 2
(73) — 4	(74) — 1	(75) — 5	(76) — 1	(77) — 2	(78) — 5
(79) — 1	(80) — 3	(81) — 2	(82) — 4	(83) — 3	(84) — 1
(85) — 1	(86) — 5	(87) — 3	(88) — 2	(89) — 2	(90) — 3
(91) — 1	(92) — 4	(93) — 3	(94) — 1	(95) — 5	(96) — 2
(97) — 3	(98) — 1	(99) — 4	(100) — 5	(101) — 1	(102) — 3
(103) — 2	(104) — 5	(105) — 5	(106) — 1	(107) — 3	(108) — 2
(109) — 1	(110) — 2	(111) — 2	(112) — 5	(113) — 1	(114) — 1
(115) — 3	(116) — 2	(117) — 4	(118) — 4	(119) — 5	(120) — 3

セルフチェック

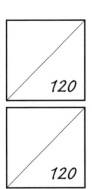

12日目 TEST 7

日	月	火	水	木	金	土
~~1~~	~~2~~	~~3~~	~~4~~	~~5~~	~~6~~	~~7~~
~~8~~	~~9~~	~~10~~	~~11~~	12	13	14
15						

解答の手順

[**検査例Ⅰ**] 次の式を計算し，その数を答えよ。ただし，答は1
～5以外にはならない。たとえば，[例題] **1.** では，計算すると
3になるので，正答は3である。

[例題] **1.**　$12 \div 4 + 2 \times 6 - 12$

[**検査例Ⅱ**] 次のアルファベットと数字の組み合わせで，上と同
じ配列となっているものを1～5から選べ。たとえば，[例題]
2. では，4のアルファベットと数字の配列が上と同じなので，
正答は4である。

[例題] **2.**　ＴＯＲ-5269-ＢＣ

<table>
<tr><td>1</td><td>2</td><td>3</td></tr>
<tr><td>ＴＯＰ-5269-ＢＣ</td><td>ＴＯＲ-5269-ＢＡ</td><td>ＴＱＲ-5269-ＢＣ</td></tr>
<tr><td>4</td><td>5</td><td></td></tr>
<tr><td>ＴＯＲ-5269-ＢＣ</td><td>ＴＯＲ-5299-ＢＣ</td><td></td></tr>
</table>

[**検査例Ⅲ**] 次の図形が手引の1～5のどの欄に含まれるかを答えよ。
たとえば，[例題] **3.** では，2の欄に含まれるので正答は2となる。

[例題] **3.**

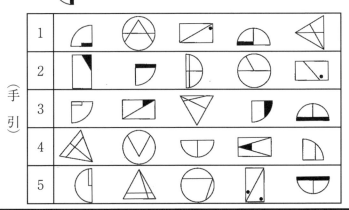

（手引）

(1)　$2 \times 5 + 6 \div 3 - 7$

(2)　$8 + 9 \div 3 - 4 \times 2$

(3)　$8 \div 2 - 1 \times 3 + 3$

(4)　$9 - 3 \times 3 + 2 \div 2$

(5)　$2 \div 1 + 2 \times 3 - 7$

(6)　$14 \div 7 + 4 \times 2 - 8$

(7)　$7 + 5 \times 4 \div 10 - 5$

(8)　$18 \times 3 + 14 \div 7 - 54$

(9)　$11 + 16 \div 8 \times 1 - 8$

(10)　$15 \div 5 - 3 + 2 \times 2$

	1	2
(11)　R Q O -1314-M N	R O Q -1341-N M	P Q O -1314-M N
(12)　K J I -1202-L T	K J I -1202-L T	K L I -1022-L T
(13)　R P H -4920-H F	R P H -4926-H F	P R H -4920-H F
(14)　C A G -9437- I J	C A G -9437- T J	C A G -9437- I J
(15)　V M N -8535-G Q	V N M -8353-G Q	U M N -8535-C Q
(16)　S U L -6107-E F	S U L -6109-E F	S V L -6017-F E
(17)　T F E -7966-D O	T F E -9766-D O	T E E -7669-O D
(18)　D B C -8582-E C	D B C -8285-E C	D P C -8582-C E
(19)　I F M -1464-D N	I F M -1464-D N	I M F -1464-D N
(20)　R P B -2993-L I	P R B -2939-L I	R P B -2993-L I

182

	1	2	3	4	5
(1)					
(2)					
(3)					
(4)					
(5)					

	1	2	3	4	5
(6)					
(7)					
(8)					
(9)					
(10)					

3	4	5
RQO-1314-MN	RQC-1314-MN	ROQ-3141-NM
KIJ-1202-LI	KTJ-2102-LT	KJT-1202-LT
PRH-4290-FH	RBH-4990-FH	RPH-4920-HF
GAC-9347-IJ	GAC-9347-TJ	CAG-9437-JI
UMN-8535-GO	VMN-8535-CQ	VMN-8535-GQ
SUL-6107-EF	SLU-6107-EF	SUL-6107-FE
TEF-7966-DO	TFE-7966-DO	TFF-7966-DO
DBC-8528-EC	DBC-8582-EC	DCB-8528-CE
IFM-1646-DN	IMF-1464-DM	IEM-1464-DN
RPB-2993-IL	PRB-3992-LI	RBP-2993-LT

実戦コース

12日目　TEST 7

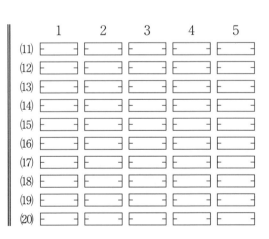

	1	2	3	4	5
(11)					
(12)					
(13)					
(14)					
(15)					
(16)					
(17)					
(18)					
(19)					
(20)					

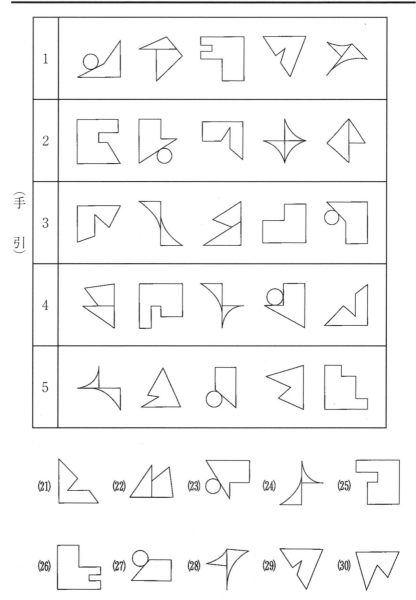

解答用マークシート欄

	1	2	3	4	5
(21)					
(22)					
(23)					
(24)					
(25)					
(26)					
(27)					
(28)					
(29)					
(30)					

実戦コース

12日目　TEST 7

(31)　$3 + 3 \times 2 - 84 \div 14$

(32)　$7 \times 2 - 39 \div 3 + 1$

(33)　$6 - 44 \div 2 + 9 \times 2$

(34)　$3 \times 6 + 16 - 96 \div 3$

(35)　$15 - 96 \div 16 \times 3 + 4$

(36)　$29 - 7 \times 8 + 30 \div 1$

(37)　$6 - 74 \div 2 + 4 \times 9$

(38)　$4 \times 4 + 12 - 50 \div 2$

(39)　$18 \times 3 \div 6 - 9 + 2$

(40)　$6 \div 2 - 15 + 5 \times 3$

	1	2
(41) 205-R K U C -85	205-R U K C -85	295-R K C U -58
(42) 420-P L O B -49	420-P L O B -47	420-B L O P -94
(43) 916-O N MW-57	918-O N MW-57	916-O N MW-57
(44) 771-U V L S -30	717-U V L S -20	771-O V L S -30
(45) 683-T L F I -79	683- I L F I -97	863-T L F I -79
(46) 581-K E R A -12	581-K E R A -12	518-K F R A -12
(47) 246-E J F U -86	246-F J E U -86	246-E J F U -86
(48) 493-O P E Q -26	433-Q P E O -26	493-O P E Q -26
(49) 735-M U N V -19	735-M V N U -19	753-N U M V -19
(50) 421-C G U V -96	421-C G U V -96	421-G C U V -96

	1	2	3	4	5		1	2	3	4	5
(31)	⊏⊐	⊏⊐	⊏⊐	⊏⊐	⊏⊐	(36)	⊏⊐	⊏⊐	⊏⊐	⊏⊐	⊏⊐
(32)	⊏⊐	⊏⊐	⊏⊐	⊏⊐	⊏⊐	(37)	⊏⊐	⊏⊐	⊏⊐	⊏⊐	⊏⊐
(33)	⊏⊐	⊏⊐	⊏⊐	⊏⊐	⊏⊐	(38)	⊏⊐	⊏⊐	⊏⊐	⊏⊐	⊏⊐
(34)	⊏⊐	⊏⊐	⊏⊐	⊏⊐	⊏⊐	(39)	⊏⊐	⊏⊐	⊏⊐	⊏⊐	⊏⊐
(35)	⊏⊐	⊏⊐	⊏⊐	⊏⊐	⊏⊐	(40)	⊏⊐	⊏⊐	⊏⊐	⊏⊐	⊏⊐

3	4	5
205-R K U C-85	205-P K U C-58	250-P R K U-85
402-P I O B-49	420-P L O B-49	420-P O L B-47
961-O NWM-77	961-Q NMW-57	916-O N M W-57
711-V U S L-20	771-V U L S-30	771-U V L S-30
633-T L F I-79	683-T L F I-79	633-T L E I-97
581-K E A R-21	581-K R E A-12	518-K E P A-12
426-E J F U-68	246-F J F V-86	624-E J F U-88
493-O P F Q-26	439-Q P E O-62	439-O B E Q-26
735-M U N V-19	753-N U M U-17	735-M U W N-19
412-C G U V-96	421-G C V U-69	412-C G W V-69

	1	2	3	4	5
(41)	⊏⊐	⊏⊐	⊏⊐	⊏⊐	⊏⊐
(42)	⊏⊐	⊏⊐	⊏⊐	⊏⊐	⊏⊐
(43)	⊏⊐	⊏⊐	⊏⊐	⊏⊐	⊏⊐
(44)	⊏⊐	⊏⊐	⊏⊐	⊏⊐	⊏⊐
(45)	⊏⊐	⊏⊐	⊏⊐	⊏⊐	⊏⊐
(46)	⊏⊐	⊏⊐	⊏⊐	⊏⊐	⊏⊐
(47)	⊏⊐	⊏⊐	⊏⊐	⊏⊐	⊏⊐
(48)	⊏⊐	⊏⊐	⊏⊐	⊏⊐	⊏⊐
(49)	⊏⊐	⊏⊐	⊏⊐	⊏⊐	⊏⊐
(50)	⊏⊐	⊏⊐	⊏⊐	⊏⊐	⊏⊐

実戦コース　12日目　TEST 7

187

問　　題

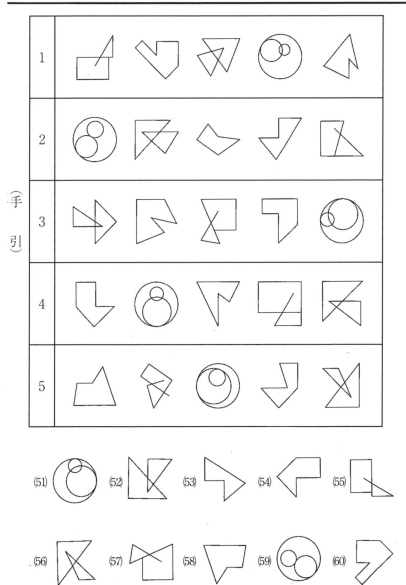

188

解答用マークシート欄

	1	2	3	4	5
(51)	⊏⊐	⊏⊐	⊏⊐	⊏⊐	⊏⊐
(52)	⊏⊐	⊏⊐	⊏⊐	⊏⊐	⊏⊐
(53)	⊏⊐	⊏⊐	⊏⊐	⊏⊐	⊏⊐
(54)	⊏⊐	⊏⊐	⊏⊐	⊏⊐	⊏⊐
(55)	⊏⊐	⊏⊐	⊏⊐	⊏⊐	⊏⊐
(56)	⊏⊐	⊏⊐	⊏⊐	⊏⊐	⊏⊐
(57)	⊏⊐	⊏⊐	⊏⊐	⊏⊐	⊏⊐
(58)	⊏⊐	⊏⊐	⊏⊐	⊏⊐	⊏⊐
(59)	⊏⊐	⊏⊐	⊏⊐	⊏⊐	⊏⊐
(60)	⊏⊐	⊏⊐	⊏⊐	⊏⊐	⊏⊐

実戦コース

12日目　TEST 7

(61)　$35 \div 7 \times 5 + 8 - 29$

(62)　$12 + 19 - 60 \div 15 \times 7$

(63)　$4 \times 15 \div 5 - 17 + 10$

(64)　$55 \div 11 - 36 + 4 \times 8$

(65)　$9 - 10 + 18 \times 3 \div 9$

(66)　$5 - 4 + 12 \times 3 \div 9$

(67)　$3 + 2 \times 1 - 34 \div 17$

(68)　$4 \times 3 - 80 \div 5 + 5$

(69)　$36 \div 9 \times 18 + 20 - 91$

(70)　$9 + 19 - 66 \div 22 \times 8$

	1	2
(71)　V W U -1486- U C	V W U -1486- U C	V U W -1846- C U
(72)　N M L -5902- X F	N M L -5902- X F	M N L -5092- X F
(73)　C O Q -1673- O D	C O Q -1673- Q D	C O Q -1673- O D
(74)　R P S -5383- M O	R P S -8353- O M	P R S -5383- M O
(75)　U T F -4251- B P	U T E -4251- B P	V T F -4251- B P
(76)　Y I T -1571- N W	Y T I -1571- N W	Y I T -1571- N W
(77)　D F P -7320- Y L	D F P -7230- Y L	O F P -7330- Y L
(78)　Q I Z -9639- I K	Q I Z -9369- I K	Q L Z -9669- K I
(79)　S R A -5754- H C	S A R -5574- H C	S R A -5457- H C
(80)　F M K -2028- Q I	F M K -2082- Q I	E K M -2028- Q L

	1	2	3	4	5			1	2	3	4	5
(61)							(66)					
(62)							(67)					
(63)							(68)					
(64)							(69)					
(65)							(70)					

3	4	5
U W C -1486- U C	V W U -1864- U C	V W C -1488- C V
N W L -5902- X E	N N L -5209- X F	N M L -5902- X E
C Q O -1673- O D	C O Q -1763- O D	O C Q -1637- D O
R B S -5838- M O	R P S -5383- M O	R P S -5383- O N
U T F -4251- B P	U T E -4125- P B	V T E -4521- B R
Y I T -1571- N V	Y T T -1571- N W	Y I T -1751- N W
D F P -7320- Y L	D E R -7230- Y L	D F P -7320- L Y
Q I Z -9639- K I	O I Z -9369- I K	Q I Z -9639- I K
S A R -5754- E C	S R A -5754- H C	S R A -5745- H O
F M K -2082- O I	F N K -2028- I Q	F M K -2028- Q I

	1	2	3	4	5
(71)					
(72)					
(73)					
(74)					
(75)					
(76)					
(77)					
(78)					
(79)					
(80)					

実戦コース

12日目　TEST 7

191

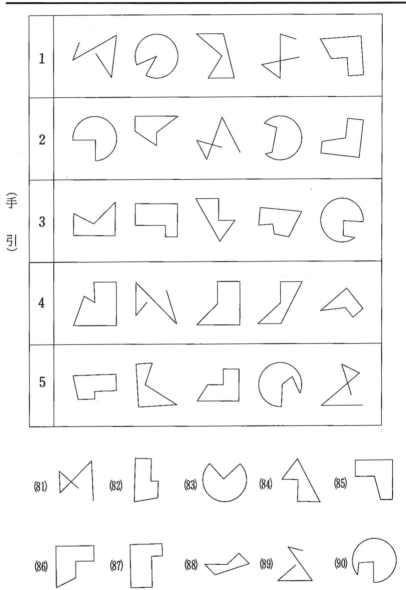

	1	2	3	4	5
(81)	⊏===⊐	⊏===⊐	⊏===⊐	⊏===⊐	⊏===⊐
(82)	⊏===⊐	⊏===⊐	⊏===⊐	⊏===⊐	⊏===⊐
(83)	⊏===⊐	⊏===⊐	⊏===⊐	⊏===⊐	⊏===⊐
(84)	⊏===⊐	⊏===⊐	⊏===⊐	⊏===⊐	⊏===⊐
(85)	⊏===⊐	⊏===⊐	⊏===⊐	⊏===⊐	⊏===⊐
(86)	⊏===⊐	⊏===⊐	⊏===⊐	⊏===⊐	⊏===⊐
(87)	⊏===⊐	⊏===⊐	⊏===⊐	⊏===⊐	⊏===⊐
(88)	⊏===⊐	⊏===⊐	⊏===⊐	⊏===⊐	⊏===⊐
(89)	⊏===⊐	⊏===⊐	⊏===⊐	⊏===⊐	⊏===⊐
(90)	⊏===⊐	⊏===⊐	⊏===⊐	⊏===⊐	⊏===⊐

(91)　$7 + 12 \times 6 \div 9 - 12$　　　　(96)　$50 - 80 \div 20 \times 21 + 35$

(92)　$4 \times 5 + 18 \div 6 - 19$　　　　(97)　$34 \div 17 \times 10 + 3 - 19$

(93)　$26 + 22 \div 11 - 13 \times 2$　　　(98)　$9 \times 6 + 23 - 150 \div 2$

(94)　$42 \div 6 - 2 \times 17 + 32$　　　(99)　$12 \times 4 \div 24 - 5 + 4$

(95)　$58 - 7 \times 8 + 12 \div 6$　　　(100)　$100 \div 25 - 35 + 6 \times 6$

	1	2
(101)　801‐B A P L ‐65	801‐B A B L ‐65	801‐B A P L ‐65
(102)　118‐G C K A ‐24	118‐G O K A ‐24	181‐G C K A ‐22
(103)　727‐E R C F ‐36	727‐E R C F ‐36	772‐E R C E ‐36
(104)　762‐C D J L ‐33	762‐D C L J ‐33	726‐C D J L ‐33
(105)　180‐P Q O C ‐74	180‐P Q O C ‐47	180‐P O Q C ‐74
(106)　599‐ I H M N ‐49	599‐T H M N ‐49	599‐ I H M N ‐49
(107)　106‐G U V O ‐52	106‐G V U O ‐52	160‐C U V O ‐25
(108)　935‐W J L V ‐48	935‐V W J L ‐48	953‐W U L V ‐84
(109)　796‐D B P L ‐50	796‐D B P L ‐50	796‐O B P L ‐50
(110)　814‐T O U F ‐43	814‐ I O U F ‐43	841‐T O U F ‐34

194

	1	2	3	4	5
(91)	⊏⊐	⊏⊐	⊏⊐	⊏⊐	⊏⊐
(92)	⊏⊐	⊏⊐	⊏⊐	⊏⊐	⊏⊐
(93)	⊏⊐	⊏⊐	⊏⊐	⊏⊐	⊏⊐
(94)	⊏⊐	⊏⊐	⊏⊐	⊏⊐	⊏⊐
(95)	⊏⊐	⊏⊐	⊏⊐	⊏⊐	⊏⊐

	1	2	3	4	5
(96)	⊏⊐	⊏⊐	⊏⊐	⊏⊐	⊏⊐
(97)	⊏⊐	⊏⊐	⊏⊐	⊏⊐	⊏⊐
(98)	⊏⊐	⊏⊐	⊏⊐	⊏⊐	⊏⊐
(99)	⊏⊐	⊏⊐	⊏⊐	⊏⊐	⊏⊐
(100)	⊏⊐	⊏⊐	⊏⊐	⊏⊐	⊏⊐

3	4	5
861-B A B L -65	810-B A P L -56	801-P A B L -65
181-C G K A -24	118-G K C A -42	118-G C K A -24
772-E P C E -36	727-E R G F -63	727-F C R E -36
762-C D J L -33	726-G D J L -83	762-C O J L -33
180-P Q O C -74	108-B Q O C -74	180-P C O Q -47
598-H I M N -94	995-I H M N -49	959-I H N M -94
106-G U V Q -52	106-G U V O -52	106-C U V O -25
953-W J L V -48	935-W J L V -48	953-W L J V -84
790-D B L P -50	769-D B P L -05	796-D B P L -60
814-T O V E -43	814-T O U F -34	814-T O U F -43

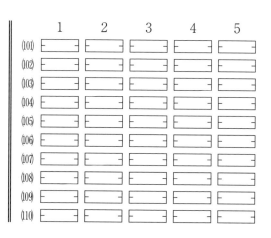

	1	2	3	4	5
(101)	⊏⊐	⊏⊐	⊏⊐	⊏⊐	⊏⊐
(102)	⊏⊐	⊏⊐	⊏⊐	⊏⊐	⊏⊐
(103)	⊏⊐	⊏⊐	⊏⊐	⊏⊐	⊏⊐
(104)	⊏⊐	⊏⊐	⊏⊐	⊏⊐	⊏⊐
(105)	⊏⊐	⊏⊐	⊏⊐	⊏⊐	⊏⊐
(106)	⊏⊐	⊏⊐	⊏⊐	⊏⊐	⊏⊐
(107)	⊏⊐	⊏⊐	⊏⊐	⊏⊐	⊏⊐
(108)	⊏⊐	⊏⊐	⊏⊐	⊏⊐	⊏⊐
(109)	⊏⊐	⊏⊐	⊏⊐	⊏⊐	⊏⊐
(110)	⊏⊐	⊏⊐	⊏⊐	⊏⊐	⊏⊐

実戦コース

12日目　TEST 7

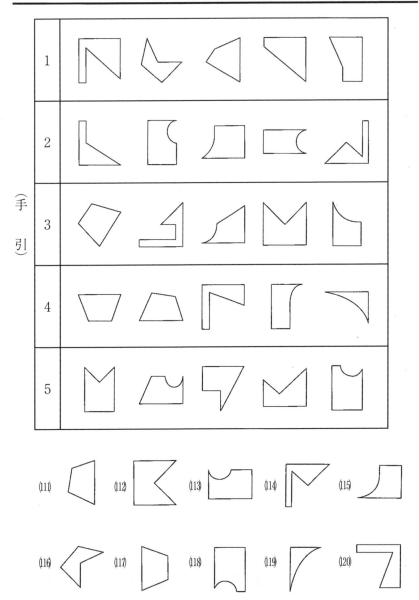

解答用マークシート欄

	1	2	3	4	5
(111)	⊏　⊐	⊏　⊐	⊏　⊐	⊏　⊐	⊏　⊐
(112)	⊏　⊐	⊏　⊐	⊏　⊐	⊏　⊐	⊏　⊐
(113)	⊏　⊐	⊏　⊐	⊏　⊐	⊏　⊐	⊏　⊐
(114)	⊏　⊐	⊏　⊐	⊏　⊐	⊏　⊐	⊏　⊐
(115)	⊏　⊐	⊏　⊐	⊏　⊐	⊏　⊐	⊏　⊐
(116)	⊏　⊐	⊏　⊐	⊏　⊐	⊏　⊐	⊏　⊐
(117)	⊏　⊐	⊏　⊐	⊏　⊐	⊏　⊐	⊏　⊐
(118)	⊏　⊐	⊏　⊐	⊏　⊐	⊏　⊐	⊏　⊐
(119)	⊏　⊐	⊏　⊐	⊏　⊐	⊏　⊐	⊏　⊐
(120)	⊏　⊐	⊏　⊐	⊏　⊐	⊏　⊐	⊏　⊐

(1) − 5	(2) − 3	(3) − 4	(4) − 1	(5) − 1	(6) − 2
(7) − 4	(8) − 2	(9) − 5	(10) − 4	(11) − 3	(12) − 1
(13) − 5	(14) − 2	(15) − 5	(16) − 3	(17) − 4	(18) − 4
(19) − 1	(20) − 2	(21) − 4	(22) − 4	(23) − 2	(24) − 5
(25) − 4	(26) − 1	(27) − 5	(28) − 1	(29) − 1	(30) − 5
(31) − 3	(32) − 2	(33) − 2	(34) − 2	(35) − 1	(36) − 3
(37) − 5	(38) − 3	(39) − 2	(40) − 3	(41) − 3	(42) − 4
(43) − 5	(44) − 5	(45) − 4	(46) − 1	(47) − 2	(48) − 2
(49) − 3	(50) − 1	(51) − 3	(52) − 4	(53) − 2	(54) − 4
(55) − 1	(56) − 5	(57) − 3	(58) − 5	(59) − 2	(60) − 1
(61) − 4	(62) − 3	(63) − 5	(64) − 1	(65) − 5	(66) − 5
(67) − 3	(68) − 1	(69) − 1	(70) − 4	(71) − 1	(72) − 1
(73) − 2	(74) − 4	(75) − 3	(76) − 2	(77) − 3	(78) − 5
(79) − 4	(80) − 5	(81) − 2	(82) − 5	(83) − 2	(84) − 3
(85) − 2	(86) − 1	(87) − 3	(88) − 4	(89) − 1	(90) − 3
(91) − 3	(92) − 4	(93) − 2	(94) − 5	(95) − 4	(96) − 1
(97) − 4	(98) − 2	(99) − 1	(100) − 5	(101) − 2	(102) − 5
(103) − 1	(104) − 3	(105) − 3	(106) − 2	(107) − 4	(108) − 4
(109) − 1	(110) − 5	(111) − 4	(112) − 3	(113) − 2	(114) − 2
(115) − 3	(116) − 1	(117) − 4	(118) − 5	(119) − 4	(120) − 4

セルフチェック

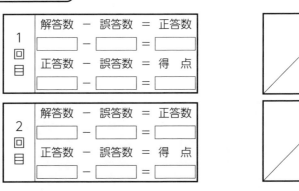

1回目	解答数 − 誤答数 = 正答数		
	□ − □ = □		
	正答数 − 誤答数 = 得 点		
	□ − □ = □		

120

2回目	解答数 − 誤答数 = 正答数		
	□ − □ = □		
	正答数 − 誤答数 = 得 点		
	□ − □ = □		

120

13日目 TEST 8

日	月	火	水	木	金	土
1	2	3	4	5	6	7
8	9	10	11	12	13	14
15						

解答の手順

[検査例Ⅰ] 左側の5つのアルファベットと記号の組み合わせを，右のアルファベットと順に照合し，正しく置き換えられている数を調べよ。また，∪は手引のアルファベットの上のマス，∩は下のマス，⊂は右のマス，⊃は左のマスを示す。例題 **1.** では，T∪→H，K∩→Y，L⊂→F，E⊃→M，N∪→Tとなり，正しく置き換えられているのは2つなので，正答は2となる。

（手引）

M	E	B	K
O	Z	H	Y
L	F	T	G
D	P	N	X

例題 **1.** T∪K∩L⊂E⊃N∪　HGFBX

[検査例Ⅱ] 左側の図形を矢印のように回したときの形として，正しいものを右の1～5から選べ。例えば，例題 **2.** では，左に90°回転させると5に一致するので，正答は5となる。

例題 **2.**

　　　　　　　　1　　　　2　　　　3　　　　4　　　　5

[検査例Ⅲ] 表中の文字，文字式および数値を手がかりにして ▩ の部分にあてはまる数値を求め，その数値がある箇所の数字と同じ位置にマークせよ。例題 **3.** では，Aが「7」，A＋Bが「8」であるので，Bは「1」となる。よって，A－Bは「6」で，正答は1となる。

例題 **3.**

A	B	A＋B	A－B
7		8	

1	2	3	4	5
6	7	8	9	10

(1)　K∪E⊂F∩H⊃G∩　　　B P L M J
(2)　L⊃A∩B∪N∩I⊃　　　H I G E M
(3)　H∩D⊂P∪F⊃A∪　　　O M B C I
(4)　N⊃M∪L∩B∪K⊂　　　B D A G O
(5)　P∩H∪A⊃E∪C⊂　　　K C O N F
(6)　D∪H⊂G∩E⊃H∪　　　E N J P O
(7)　C⊂B∩J⊃A∩N⊂　　　F P C I H
(8)　I∪K⊂O⊃J⊂M∪　　　D A E G O
(9)　N∪P⊂H∩L∪E∩　　　J K C H N
(10)　B⊂C⊃A∪O∩D⊃　　　N G L M P

〈手　引〉

（手引）

G	J	C	F
B	N	H	L
P	E	O	A
K	D	M	I

	1	2	3	4	5
(1)	⊏━━⊐	⊏━━⊐	⊏━━⊐	⊏━━⊐	⊏━━⊐
(2)	⊏━━⊐	⊏━━⊐	⊏━━⊐	⊏━━⊐	⊏━━⊐
(3)	⊏━━⊐	⊏━━⊐	⊏━━⊐	⊏━━⊐	⊏━━⊐
(4)	⊏━━⊐	⊏━━⊐	⊏━━⊐	⊏━━⊐	⊏━━⊐
(5)	⊏━━⊐	⊏━━⊐	⊏━━⊐	⊏━━⊐	⊏━━⊐
(6)	⊏━━⊐	⊏━━⊐	⊏━━⊐	⊏━━⊐	⊏━━⊐
(7)	⊏━━⊐	⊏━━⊐	⊏━━⊐	⊏━━⊐	⊏━━⊐
(8)	⊏━━⊐	⊏━━⊐	⊏━━⊐	⊏━━⊐	⊏━━⊐
(9)	⊏━━⊐	⊏━━⊐	⊏━━⊐	⊏━━⊐	⊏━━⊐
(10)	⊏━━⊐	⊏━━⊐	⊏━━⊐	⊏━━⊐	⊏━━⊐
(11)	⊏━━⊐	⊏━━⊐	⊏━━⊐	⊏━━⊐	⊏━━⊐
(12)	⊏━━⊐	⊏━━⊐	⊏━━⊐	⊏━━⊐	⊏━━⊐
(13)	⊏━━⊐	⊏━━⊐	⊏━━⊐	⊏━━⊐	⊏━━⊐
(14)	⊏━━⊐	⊏━━⊐	⊏━━⊐	⊏━━⊐	⊏━━⊐
(15)	⊏━━⊐	⊏━━⊐	⊏━━⊐	⊏━━⊐	⊏━━⊐
(16)	⊏━━⊐	⊏━━⊐	⊏━━⊐	⊏━━⊐	⊏━━⊐

実戦コース

13日目　TEST 8

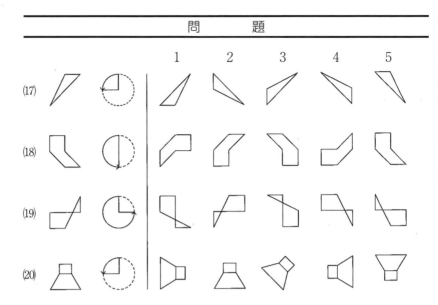

	A	B	A+B	A−B
(21)		7		6
(22)	11		15	
(23)			16	6
(24)		19		3
(25)			32	14
(26)		4	19	
(27)			59	23
(28)	33			17
(29)			31	5
(30)	16		28	

1	2	3	4	5
9	13	17	20	23
11	10	9	8	7
5	7	9	11	13
27	31	37	41	47
24	23	21	19	18
7	9	11	13	15
8	13	18	29	41
50	49	48	47	46
25	23	20	18	13
4	8	12	16	20

	1	2	3	4	5
(17)	⊏⎯⎯⎤	⊏⎯⎯⎤	⊏⎯⎯⎤	⊏⎯⎯⎤	⊏⎯⎯⎤
(18)	⊏⎯⎯⎤	⊏⎯⎯⎤	⊏⎯⎯⎤	⊏⎯⎯⎤	⊏⎯⎯⎤
(19)	⊏⎯⎯⎤	⊏⎯⎯⎤	⊏⎯⎯⎤	⊏⎯⎯⎤	⊏⎯⎯⎤
(20)	⊏⎯⎯⎤	⊏⎯⎯⎤	⊏⎯⎯⎤	⊏⎯⎯⎤	⊏⎯⎯⎤
(21)	⊏⎯⎯⎤	⊏⎯⎯⎤	⊏⎯⎯⎤	⊏⎯⎯⎤	⊏⎯⎯⎤
(22)	⊏⎯⎯⎤	⊏⎯⎯⎤	⊏⎯⎯⎤	⊏⎯⎯⎤	⊏⎯⎯⎤
(23)	⊏⎯⎯⎤	⊏⎯⎯⎤	⊏⎯⎯⎤	⊏⎯⎯⎤	⊏⎯⎯⎤
(24)	⊏⎯⎯⎤	⊏⎯⎯⎤	⊏⎯⎯⎤	⊏⎯⎯⎤	⊏⎯⎯⎤
(25)	⊏⎯⎯⎤	⊏⎯⎯⎤	⊏⎯⎯⎤	⊏⎯⎯⎤	⊏⎯⎯⎤
(26)	⊏⎯⎯⎤	⊏⎯⎯⎤	⊏⎯⎯⎤	⊏⎯⎯⎤	⊏⎯⎯⎤
(27)	⊏⎯⎯⎤	⊏⎯⎯⎤	⊏⎯⎯⎤	⊏⎯⎯⎤	⊏⎯⎯⎤
(28)	⊏⎯⎯⎤	⊏⎯⎯⎤	⊏⎯⎯⎤	⊏⎯⎯⎤	⊏⎯⎯⎤
(29)	⊏⎯⎯⎤	⊏⎯⎯⎤	⊏⎯⎯⎤	⊏⎯⎯⎤	⊏⎯⎯⎤
(30)	⊏⎯⎯⎤	⊏⎯⎯⎤	⊏⎯⎯⎤	⊏⎯⎯⎤	⊏⎯⎯⎤

実戦コース

13日目　TEST 8

(31)　X∪C⊃Z⊃H⊂V∪　　　　T S Y U H

(32)　Z∩W⊂D⊂F∩Y∩　　　　R B V Y U

(33)　S∩V∪R∩T∩U∩　　　　H D Z X G

(34)　Q⊂T∩U⊂D∪H∩　　　　R X F V U

(35)　V⊂F∪B∪S∩D⊃　　　　D W C H X

(36)　T∪G⊂X⊃C∩F⊂　　　　Z V D W Y

(37)　R∩D⊃W∩G∪Z∪　　　　Q Y H U B

(38)　Y⊃H∪Q⊂W⊂Z∩　　　　F S R B T

(39)　W⊃B⊂T∩R⊃S⊂　　　　H Z V Q W

(40)　U∩Q⊃Y∪X⊃R∩　　　　V C B D T

　　　　　　　　　　1　　　　2　　　　3　　　　4　　　　5

(41)

(42)

(43)

(44)

(45)

(46)

〈手　引〉	解答用マークシート欄

S	C	Q	R
H	W	B	Z
U	F	Y	T
G	V	D	X

（手引）

	1	2	3	4	5
(31)	⊏　⊐	⊏　⊐	⊏　⊐	⊏　⊐	⊏　⊐
(32)	⊏　⊐	⊏　⊐	⊏　⊐	⊏　⊐	⊏　⊐
(33)	⊏　⊐	⊏　⊐	⊏　⊐	⊏　⊐	⊏　⊐
(34)	⊏　⊐	⊏　⊐	⊏　⊐	⊏　⊐	⊏　⊐
(35)	⊏　⊐	⊏　⊐	⊏　⊐	⊏　⊐	⊏　⊐
(36)	⊏　⊐	⊏　⊐	⊏　⊐	⊏　⊐	⊏　⊐
(37)	⊏　⊐	⊏　⊐	⊏　⊐	⊏　⊐	⊏　⊐
(38)	⊏　⊐	⊏　⊐	⊏　⊐	⊏　⊐	⊏　⊐
(39)	⊏　⊐	⊏　⊐	⊏　⊐	⊏　⊐	⊏　⊐
(40)	⊏　⊐	⊏　⊐	⊏　⊐	⊏　⊐	⊏　⊐
(41)	⊏　⊐	⊏　⊐	⊏　⊐	⊏　⊐	⊏　⊐
(42)	⊏　⊐	⊏　⊐	⊏　⊐	⊏　⊐	⊏　⊐
(43)	⊏　⊐	⊏　⊐	⊏　⊐	⊏　⊐	⊏　⊐
(44)	⊏　⊐	⊏　⊐	⊏　⊐	⊏　⊐	⊏　⊐
(45)	⊏　⊐	⊏　⊐	⊏　⊐	⊏　⊐	⊏　⊐
(46)	⊏　⊐	⊏　⊐	⊏　⊐	⊏　⊐	⊏　⊐

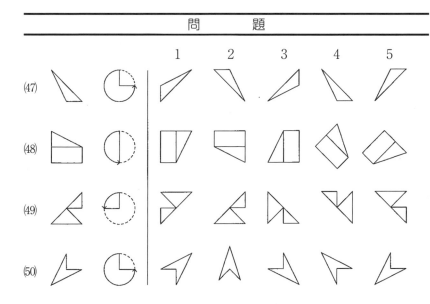

	A	B	2A − B	A + B
(51)		7		24
(52)			28	20
(53)	9		16	
(54)			39	33
(55)	22			37
(56)		15	31	
(57)			11	25
(58)			9	12
(59)		2		14
(60)	17		5	

1	2	3	4	5
23	25	27	29	31
2	4	6	8	10
15	14	13	12	11
28	27	26	25	24
17	19	27	29	37
16	21	29	38	47
12	13	14	15	16
7	6	5	4	3
18	20	22	24	26
46	49	56	36	70

	1	2	3	4	5
(47)	⊏ ⊐	⊏ ⊐	⊏ ⊐	⊏ ⊐	⊏ ⊐
(48)	⊏ ⊐	⊏ ⊐	⊏ ⊐	⊏ ⊐	⊏ ⊐
(49)	⊏ ⊐	⊏ ⊐	⊏ ⊐	⊏ ⊐	⊏ ⊐
(50)	⊏ ⊐	⊏ ⊐	⊏ ⊐	⊏ ⊐	⊏ ⊐
(51)	⊏ ⊐	⊏ ⊐	⊏ ⊐	⊏ ⊐	⊏ ⊐
(52)	⊏ ⊐	⊏ ⊐	⊏ ⊐	⊏ ⊐	⊏ ⊐
(53)	⊏ ⊐	⊏ ⊐	⊏ ⊐	⊏ ⊐	⊏ ⊐
(54)	⊏ ⊐	⊏ ⊐	⊏ ⊐	⊏ ⊐	⊏ ⊐
(55)	⊏ ⊐	⊏ ⊐	⊏ ⊐	⊏ ⊐	⊏ ⊐
(56)	⊏ ⊐	⊏ ⊐	⊏ ⊐	⊏ ⊐	⊏ ⊐
(57)	⊏ ⊐	⊏ ⊐	⊏ ⊐	⊏ ⊐	⊏ ⊐
(58)	⊏ ⊐	⊏ ⊐	⊏ ⊐	⊏ ⊐	⊏ ⊐
(59)	⊏ ⊐	⊏ ⊐	⊏ ⊐	⊏ ⊐	⊏ ⊐
(60)	⊏ ⊐	⊏ ⊐	⊏ ⊐	⊏ ⊐	⊏ ⊐

実戦コース

13日目　TEST 8

(61)　J∩T⊃W∪K⊂Q⊃　　　　S R O P L
(62)　O∪L⊂J⊃E∪P∩　　　　W Q U S K
(63)　S⊃O∪I⊂Q∪∪⊂　　　　M N R T A
(64)　M∩I∪K∪E⊃T⊂　　　　O W A Q N
(65)　W∩N∪A⊃L⊂S∪　　　　L P M R J
(66)　A⊂E⊃P⊂O∩L⊃　　　　U Q T W I
(67)　U⊃Q⊂S∪L⊂O∩　　　　A I J K W
(68)　K⊃E∪T∩A⊃W⊂　　　　P N Q M R
(69)　P∩M⊂R∪∪∩I⊂　　　　T E K J L
(70)　R⊂U∩N∩M∩J⊃　　　　L K E U O

	1	2	3	4	5
(71)					
(72)					
(73)					
(74)					
(75)					
(76)					

〈手　引〉	解答用マークシート欄

M	A	U	J
O	K	P	S
W	R	T	N
I	L	Q	E

（手引）

	1	2	3	4	5
(61)	⊏　⊐	⊏　⊐	⊏　⊐	⊏　⊐	⊏　⊐
(62)	⊏　⊐	⊏　⊐	⊏　⊐	⊏　⊐	⊏　⊐
(63)	⊏　⊐	⊏　⊐	⊏　⊐	⊏　⊐	⊏　⊐
(64)	⊏　⊐	⊏　⊐	⊏　⊐	⊏　⊐	⊏　⊐
(65)	⊏　⊐	⊏　⊐	⊏　⊐	⊏　⊐	⊏　⊐
(66)	⊏　⊐	⊏　⊐	⊏　⊐	⊏　⊐	⊏　⊐
(67)	⊏　⊐	⊏　⊐	⊏　⊐	⊏　⊐	⊏　⊐
(68)	⊏　⊐	⊏　⊐	⊏　⊐	⊏　⊐	⊏　⊐
(69)	⊏　⊐	⊏　⊐	⊏　⊐	⊏　⊐	⊏　⊐
(70)	⊏　⊐	⊏　⊐	⊏　⊐	⊏　⊐	⊏　⊐
(71)	⊏　⊐	⊏　⊐	⊏　⊐	⊏　⊐	⊏　⊐
(72)	⊏　⊐	⊏　⊐	⊏　⊐	⊏　⊐	⊏　⊐
(73)	⊏　⊐	⊏　⊐	⊏　⊐	⊏　⊐	⊏　⊐
(74)	⊏　⊐	⊏　⊐	⊏　⊐	⊏　⊐	⊏　⊐
(75)	⊏　⊐	⊏　⊐	⊏　⊐	⊏　⊐	⊏　⊐
(76)	⊏　⊐	⊏　⊐	⊏　⊐	⊏　⊐	⊏　⊐

| | 1 | 2 | 3 | 4 | 5 |

(77)
(78)
(79)
(80)

	A	B	A + 2B	3A − 2B		1	2	3	4	5
(81)	16		30			34	35	36	37	38
(82)	11			7		15	13	11	9	7
(83)		8		59		44	41	40	38	35
(84)			54	34		24	22	20	18	16
(85)		11	41			19	25	29	35	39
(86)			20	36		10	11	12	13	14
(87)		17		62		63	64	65	66	67
(88)			61	71		21	19	14	12	9
(89)	8		22			16	14	12	10	8
(90)		9		48		31	35	40	44	49

解答用マークシート欄

	1	2	3	4	5
(77)					
(78)					
(79)					
(80)					
(81)					
(82)					
(83)					
(84)					
(85)					
(86)					
(87)					
(88)					
(89)					
(90)					

(91)　V⊃R∩X∪Z⊂Y⊂　　　K Z F D J

(92)　C∩P⊂T⊃J⊃F∩　　　T B R Z X

(93)　K⊂Y∪G⊂R∩C∩　　　F R L D I

(94)　X∩Z∪C∩K⊃L⊃　　　B T I F G

(95)　I∩J⊂L⊃Z∪T⊃　　　D R G P Z

(96)　L⊃F⊂J∪D⊃P∪　　　C K P Z Y

(97)　R∩K⊂Y⊂C∪B⊃　　　L G J T P

(98)　B⊂I⊃Z⊃F⊂D∪　　　P V J K L

(99)　T∩V⊃P∪D⊃R⊃　　　D K Y L B

(100)　G⊂D∪I⊃Y⊂V⊂　　　L T V J I

	1	2	3	4	5

(101)

(102)

(103)

(104)

(105)

(106)

F	K	V	I
X	G	L	C
P	B	R	T
Y	J	Z	D

（手　引）

	1	2	3	4	5
(91)	⊏　⊐	⊏　⊐	⊏　⊐	⊏　⊐	⊏　⊐
(92)	⊏　⊐	⊏　⊐	⊏　⊐	⊏　⊐	⊏　⊐
(93)	⊏　⊐	⊏　⊐	⊏　⊐	⊏　⊐	⊏　⊐
(94)	⊏　⊐	⊏　⊐	⊏　⊐	⊏　⊐	⊏　⊐
(95)	⊏　⊐	⊏　⊐	⊏　⊐	⊏　⊐	⊏　⊐
(96)	⊏　⊐	⊏　⊐	⊏　⊐	⊏　⊐	⊏　⊐
(97)	⊏　⊐	⊏　⊐	⊏　⊐	⊏　⊐	⊏　⊐
(98)	⊏　⊐	⊏　⊐	⊏　⊐	⊏　⊐	⊏　⊐
(99)	⊏　⊐	⊏　⊐	⊏　⊐	⊏　⊐	⊏　⊐
(100)	⊏　⊐	⊏　⊐	⊏　⊐	⊏　⊐	⊏　⊐
(101)	⊏　⊐	⊏　⊐	⊏　⊐	⊏　⊐	⊏　⊐
(102)	⊏　⊐	⊏　⊐	⊏　⊐	⊏　⊐	⊏　⊐
(103)	⊏　⊐	⊏　⊐	⊏　⊐	⊏　⊐	⊏　⊐
(104)	⊏　⊐	⊏　⊐	⊏　⊐	⊏　⊐	⊏　⊐
(105)	⊏　⊐	⊏　⊐	⊏　⊐	⊏　⊐	⊏　⊐
(106)	⊏　⊐	⊏　⊐	⊏　⊐	⊏　⊐	⊏　⊐

実戦コース

13日目　TEST 8

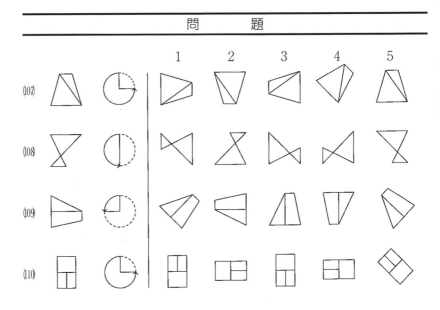

	A	B	5A − B	2A + B
(111)	12			51
(112)	14		58	
(113)			74	45
(114)			51	40
(115)	9			36
(116)		8	27	
(117)		13	42	
(118)			36	20
(119)		39		57
(120)		6	44	

	1	2	3	4	5
(111)	23	25	28	33	35
(112)	50	54	40	35	30
(113)	16	17	18	19	20
(114)	12	13	14	15	16
(115)	27	29	31	33	35
(116)	22	23	24	25	26
(117)	9	10	11	12	13
(118)	2	4	6	8	10
(119)	10	9	8	7	6
(120)	25	26	27	28	29

解答用マークシート欄

	1	2	3	4	5
(107)					
(108)					
(109)					
(110)					
(111)					
(112)					
(113)					
(114)					
(115)					
(116)					
(117)					
(118)					
(119)					
(120)					

実戦コース

13日目　TEST 8

13 日目 〈TEST 8〉 正答

(1) − 1	(2) − 5	(3) − 4	(4) − 3	(5) − 5	(6) − 2
(7) − 4	(8) − 2	(9) − 1	(10) − 3	(11) − 5	(12) − 2
(13) − 3	(14) − 1	(15) − 5	(16) − 4	(17) − 2	(18) − 3
(19) − 1	(20) − 4	(21) − 4	(22) − 5	(23) − 1	(24) − 4
(25) − 2	(26) − 3	(27) − 3	(28) − 2	(29) − 4	(30) − 1
(31) − 2	(32) − 1	(33) − 4	(34) − 4	(35) − 3	(36) − 5
(37) − 1	(38) − 5	(39) − 3	(40) − 3	(41) − 1	(42) − 3
(43) − 5	(44) − 2	(45) − 3	(46) − 5	(47) − 1	(48) − 2
(49) − 4	(50) − 4	(51) − 3	(52) − 2	(53) − 5	(54) − 5
(55) − 4	(56) − 4	(57) − 2	(58) − 1	(59) − 3	(60) − 1
(61) − 5	(62) − 2	(63) − 1	(64) − 5	(65) − 2	(66) − 4
(67) − 3	(68) − 4	(69) − 3	(70) − 1	(71) − 1	(72) − 5
(73) − 5	(74) − 4	(75) − 3	(76) − 5	(77) − 1	(78) − 4
(79) − 2	(80) − 2	(81) − 1	(82) − 2	(83) − 2	(84) − 2
(85) − 4	(86) − 5	(87) − 4	(88) − 3	(89) − 4	(90) − 3
(91) − 5	(92) − 4	(93) − 1	(94) − 2	(95) − 1	(96) − 2
(97) − 2	(98) − 3	(99) − 3	(100) − 5	(101) − 2	(102) − 5
(103) − 3	(104) − 4	(105) − 4	(106) − 5	(107) − 1	(108) − 2
(109) − 3	(110) − 4	(111) − 4	(112) − 3	(113) − 2	(114) − 3
(115) − 1	(116) − 1	(117) − 3	(118) − 2	(119) − 5	(120) − 2

セルフチェック

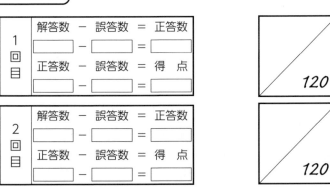

合格へのアドバイス(1)

●体力がものをいう

公務員試験を受験した者なら実感としてズシリとわかることであるが，"公務員試験は体力の勝負"ともいえる。

教養試験の場合，制限時間が1時間30分〜2時間30分とたっぷり与えられているように思われるが，この間に40〜50問を解法しなくてはならない。それも同じ種類の問題が並んでいるのならまだしも，広い分野からいろいろな問題が出題される。これはかなりシンドイ戦いである。

そして，休憩をはさんで，適性試験である。これは制限時間が10〜15分と短いものであるが，スピード検査であるのでフルスピードで解答しなければならない。これは教養試験とは違った意味で，シンドイ戦いである。合格するだけの知識・知能を備えていても，体力が伴わないと実力を十分発揮することはできない。

●あせりすぎないこと

適性試験に出題される検査形式は5つあるが，これらのうち苦手とするタイプのものが1〜2つ必ずある。本試験においてはこれら5つのうち3つのタイプが出題されることから，運よく苦手なものが出題されないこともあるが，組み合わせ問題もあることから大半の人が苦手のタイプに直面することになる。

合否に関する大きなミスが生じるのは，そのときである。スピード検査であるので早く処理しなければならない，しかしどうしてもうまく解法できない，どうしよう，どうしよう，ええい，これでも選んでおこう！　となってしまうことがよくある。

それが1つや2つなら問題はないが，ズラズラと問題が並んでいることから，1つを適当に処理してしまうとついつい他の問題もそのような姿勢で臨むことになってしまう。これではいけない。あくまでも，正確にこなすことである。

14 日目 TEST 9

日	月	火	水	木	金	土
※	2	3	4	5	6	7
8	9	10	11	12	13	14
15						

解答の手順

[検査例Ⅰ] まず a と b の値を求め，次にそれらの値と手引を使って，与えられた計算式の答えのある箇所の数字を選べ。たとえば，[例題] **1.** では，a の値は 5，b の値は 8 であり，手引は「ろ」であるので，手引「ろ」の計算式である，$4a - 2b$ に a の値 5，b の値 8 をそれぞれあてはめると，答えは 4 となる。そして，答え「4」は，1〜5 のうちの「2」の箇所にあるので，正答は 2 となる。また，[例題] **2.** では，正答は 3 となる。

〈手引〉

い	$a + 3b$
ろ	$4a - 2b$
は	$2a \times b$

	a	b	手引	1	2	3	4	5
[例題] **1.**	$8 - 3$	2×4	ろ	3	4	5	6	7
[例題] **2.**	$6 + 2$	$28 \div 7$	い	16	18	20	22	25

[検査例Ⅱ] 与えられた記号と数字の組み合わせを分類表に従い分類し，それにあてはまる欄の文字（カタカナ）がある箇所の数字を選べ。たとえば，[例題] **3.** では，与えられた記号と数字の組み合わせ（●―286）は，分類表中の「※，●，◇」の例と「221〜362，583〜617」の行とが交差する「ク」の欄に該当する。そして，「ク」は，1〜5 のうちの「4」の箇所にあるので，正答は 4 となる。また [例題] **4.** では，△―172 は「オ」の欄に該当し，「オ」は 1〜5 のうちの「2」の箇所にあるので，正答は 2 となる。

218

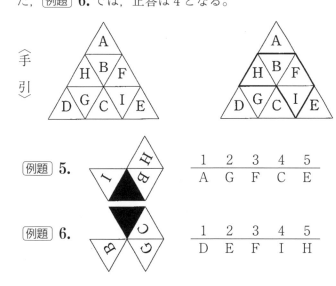

〈分類表〉		○, ■, △	※, ●, ◇	その他
	112〜183	オ	マ	ヒ
	395〜467			
	221〜362	テ	ク	ニ
	583〜617			

	1	2	3	4	5
例題 3. ●―286	テ	マ	ニ	ク	ヒ
例題 4. △―172	ヒ	オ	ク	マ	テ

[検査例Ⅲ] 手引から一部分を抜き出したものについて，「▲」
で覆われた部分と同じ文字（アルファベット）を 1 ～ 5 の中か
ら選べ。たとえば，例題 5. の場合，手引中の太線で囲った部
分を抜き出したものであり，「▲」部分は「F」であり，「F」
は 1 ～ 5 のうち「3」の箇所にあるので，正答は 3 となる。ま
た，例題 6. では，正答は 4 となる。

〈手引〉

例題 5.

	1	2	3	4	5
	A	G	F	C	E

例題 6.

	1	2	3	4	5
	D	E	F	I	H

実戦コース

14日目 TEST 9

219

〈手引〉

い	$a + 2b$
ろ	$4a - b$
は	$a \times b$
に	$2a - 3b$
ほ	$3a \div b$

	a	b	手引	1	2	3	4	5
(1)	$28 \div 4$	$46 - 32$	ろ	12	13	14	15	16
(2)	6×3	$2 + 6$	に	9	10	11	12	13
(3)	$63 \div 9$	$39 - 28$	は	75	76	77	78	80
(4)	$4 - 2$	11×2	い	46	44	42	40	38
(5)	$35 - 29$	$4 + 5$	ほ	2	3	4	5	6
(6)	4×2	$49 \div 7$	は	52	56	60	58	54
(7)	$5 + 13$	$40 \div 8$	に	18	20	21	22	24
(8)	3×8	$1 + 9$	い	38	40	42	44	46
(9)	$10 + 5$	$38 - 29$	ほ	3	4	1	2	5
(10)	$31 - 19$	5×7	ろ	11	15	12	14	13

〈分　類　表〉

	111〜146 245〜287	173〜234 291〜332	その他
◇, ♯, @, ●	ア	カ	サ
×, ☆, ▽, ◆	タ	ナ	ハ
○, ※, ★, □	マ	ヤ	ラ

(11)　◆—298

(12)　♯—243

(13)　◇—126

(14)　○—138

(15)　×—270

(16)　@—321

(17)　※—169

(18)　☆—153

(19)　●—243

(20)　★—317

問　　題	解答用マークシート欄

解答用マークシート欄

	1	2	3	4	5
(1)					
(2)					
(3)					
(4)					
(5)					
(6)					
(7)					
(8)					
(9)					
(10)					

	1	2	3	4	5
(11)					
(12)					
(13)					
(14)					
(15)					
(16)					
(17)					
(18)					
(19)					
(20)					

問題

1	2	3	4	5
ヤ	ハ	ラ	ナ	ア
ア	ナ	サ	カ	ハ
カ	ラ	ナ	ア	サ
タ	マ	カ	ラ	ヤ
ア	ヤ	ハ	タ	マ
カ	タ	ナ	サ	ヤ
ヤ	ラ	カ	マ	サ
サ	ナ	マ	ラ	ハ
サ	ナ	カ	タ	ヤ
マ	ハ	ヤ	ナ	ラ

221

(21)

〈手　引〉

(22)

(23)

(24)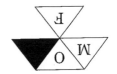

(25)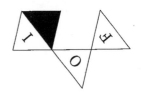

問　　題					解答用マークシート欄
1	2	3	4	5	
D	I	N	L	K	

A	L	P	K	F

K	N	G	A	L

A	H	J	G	K

K	M	P	A	H

実戦コース

14日目　TEST 9

(26)

〈手　　引〉

(27)

(28)

(29)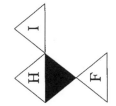

(30)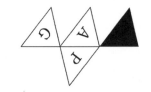

	問	題		
1	2	3	4	5
O	H	M	B	I

	1	2	3	4	5
(26)	⊏⊐	⊏⊐	⊏⊐	⊏⊐	⊏⊐
(27)	⊏⊐	⊏⊐	⊏⊐	⊏⊐	⊏⊐
(28)	⊏⊐	⊏⊐	⊏⊐	⊏⊐	⊏⊐
(29)	⊏⊐	⊏⊐	⊏⊐	⊏⊐	⊏⊐
(30)	⊏⊐	⊏⊐	⊏⊐	⊏⊐	⊏⊐

1	2	3	4	5
P	A	I	H	E
K	H	A	O	G
M	O	K	F	A
H	I	O	K	E

実戦コース

14日目 TEST 9

〈手引〉	
へ	$3\,a \div b$
と	$2\,a \div 3\,b$
ち	$a + 4\,b$
り	$6\,a - b$
ぬ	$2\,a \times b$

	a	b	手引	1	2	3	4	5
(31)	$42 \div 7$	$12 + 3$	ち	66	68	70	72	74
(32)	$8 + 4$	$120 \div 15$	り	56	60	64	68	72
(33)	$3 + 7$	$17 - 12$	ぬ	70	80	90	100	120
(34)	$53 - 35$	2×3	と	2	4	6	8	10
(35)	21×2	$38 - 29$	へ	10	11	12	13	14
(36)	$41 - 26$	17×4	り	18	19	20	21	22
(37)	$36 + 48$	$56 \div 8$	と	6	8	10	12	14
(38)	$98 \div 7$	$9 + 23$	ち	140	142	144	148	152
(39)	$73 - 43$	$42 \div 14$	へ	30	40	50	60	70
(40)	$6 + 2$	5×7	ぬ	520	540	560	580	600

〈分　類　表〉

	763〜832 861〜878	715〜754 892〜936	その他
★, ×, ◇, ▼	ヒ	ニ	キ
@, ■, +, △	オ	エ	レ
♯, ☆, ◎, ◆	ミ	リ	ネ

(41)　☆—881

(42)　+—756

(43)　◆—917

(44)　♯—745

(45)　▼—899

(46)　◇—762

(47)　△—828

(48)　×—846

(49)　@—793

(50)　◎—857

問　　　題	解答用マークシート欄

実戦コース　14日目　TEST 9

	1	2	3	4	5
(31)	⊏　⊐	⊏　⊐	⊏　⊐	⊏　⊐	⊏　⊐
(32)	⊏　⊐	⊏　⊐	⊏　⊐	⊏　⊐	⊏　⊐
(33)	⊏　⊐	⊏　⊐	⊏　⊐	⊏　⊐	⊏　⊐
(34)	⊏　⊐	⊏　⊐	⊏　⊐	⊏　⊐	⊏　⊐
(35)	⊏　⊐	⊏　⊐	⊏　⊐	⊏　⊐	⊏　⊐
(36)	⊏　⊐	⊏　⊐	⊏　⊐	⊏　⊐	⊏　⊐
(37)	⊏　⊐	⊏　⊐	⊏　⊐	⊏　⊐	⊏　⊐
(38)	⊏　⊐	⊏　⊐	⊏　⊐	⊏　⊐	⊏　⊐
(39)	⊏　⊐	⊏　⊐	⊏　⊐	⊏　⊐	⊏　⊐
(40)	⊏　⊐	⊏　⊐	⊏　⊐	⊏　⊐	⊏　⊐

1	2	3	4	5
キ	ネ	ミ	オ	レ
ミ	オ	レ	キ	ニ
リ	キ	ネ	ミ	ヒ
オ	ミ	エ	リ	ネ
リ	レ	ヒ	エ	ニ
ニ	エ	キ	レ	ヒ
レ	ヒ	ミ	オ	エ
キ	オ	レ	ニ	ネ
ヒ	ニ	ミ	エ	オ
レ	ネ	リ	キ	ヒ

	1	2	3	4	5
(41)	⊏　⊐	⊏　⊐	⊏　⊐	⊏　⊐	⊏　⊐
(42)	⊏　⊐	⊏　⊐	⊏　⊐	⊏　⊐	⊏　⊐
(43)	⊏　⊐	⊏　⊐	⊏　⊐	⊏　⊐	⊏　⊐
(44)	⊏　⊐	⊏　⊐	⊏　⊐	⊏　⊐	⊏　⊐
(45)	⊏　⊐	⊏　⊐	⊏　⊐	⊏　⊐	⊏　⊐
(46)	⊏　⊐	⊏　⊐	⊏　⊐	⊏　⊐	⊏　⊐
(47)	⊏　⊐	⊏　⊐	⊏　⊐	⊏　⊐	⊏　⊐
(48)	⊏　⊐	⊏　⊐	⊏　⊐	⊏　⊐	⊏　⊐
(49)	⊏　⊐	⊏　⊐	⊏　⊐	⊏　⊐	⊏　⊐
(50)	⊏　⊐	⊏　⊐	⊏　⊐	⊏　⊐	⊏　⊐

(51)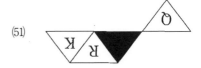

〈手　引〉

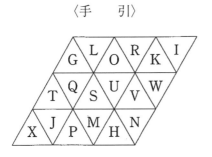

(52)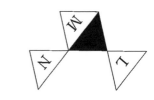

(53)

(54)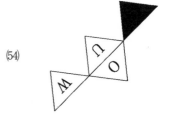

(55)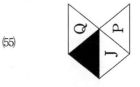

問		題			解答用マークシート欄				
1	2	3	4	5	1	2	3	4	5
U	O	G	L	S	(51) ▭	▭	▭	▭	▭
					(52) ▭	▭	▭	▭	▭
					(53) ▭	▭	▭	▭	▭
					(54) ▭	▭	▭	▭	▭
					(55) ▭	▭	▭	▭	▭
O	Q	S	U	G					
I	R	L	V	K					
Q	S	J	P	T					
M	G	S	T	X					

14日目　TEST 9

229

(56)

〈手　　引〉

(57)

(58)

(59)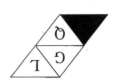

(60)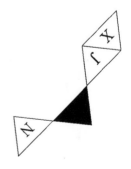

	問		題				解答用マークシート欄		
1	2	3	4	5					

	問 題					解答用マークシート欄			

1	2	3	4	5
V	H	K	M	S

	1	2	3	4	5
(56)	⊏　⊐	⊏　⊐	⊏　⊐	⊏　⊐	⊏　⊐
(57)	⊏　⊐	⊏　⊐	⊏　⊐	⊏　⊐	⊏　⊐
(58)	⊏　⊐	⊏　⊐	⊏　⊐	⊏　⊐	⊏　⊐
(59)	⊏　⊐	⊏　⊐	⊏　⊐	⊏　⊐	⊏　⊐
(60)	⊏　⊐	⊏　⊐	⊏　⊐	⊏　⊐	⊏　⊐

1	2	3	4	5
S	L	G	T	O
L	Q	R	G	T
S	G	T	P	M
T	P	M	S	Q

実戦コース

14日目　TEST 9

231

〈手引〉

る	$5a \times b$
を	$2a - b$
わ	$a \div b$
か	$3a + b$
よ	$a \times 2b$

	a	b	手引	1	2	3	4	5
(61)	$4 + 19$	13×3	を	8	7	6	5	4
(62)	51×2	$9 + 8$	わ	5	6	7	8	9
(63)	$5 + 7$	$55 - 49$	よ	122	133	144	155	166
(64)	$31 - 26$	$85 \div 17$	る	125	150	175	200	225
(65)	$38 \div 19$	$15 + 6$	か	23	24	25	26	27
(66)	$128 \div 16$	$43 - 37$	よ	64	72	80	88	96
(67)	$23 - 11$	23×5	か	142	145	148	151	154
(68)	$92 - 77$	7×4	を	2	3	4	5	6
(69)	$5 + 8$	$18 \div 9$	る	110	120	130	140	150
(70)	$72 \div 9$	$83 - 79$	わ	2	4	6	8	10

〈分　類　表〉

	333～415 513～534	447～474 561～588	その他
◎, ▲, ×, ☆	ヌ	ワ	ケ
◇, ■, ※, △	ウ	モ	ラ
★, +, □, ○	コ	セ	ツ

(71) ×—453

(72) ■—550

(73) □—383

(74) ※—398

(75) ◎—527

(76) △—598

(77) ▲—459

(78) +—403

(79) ☆—492

(80) ★—388

232

	1	2	3	4	5
	ウ	ケ	モ	ワ	ヌ
	ラ	ツ	ケ	モ	ウ
	コ	ワ	ラ	セ	ツ
	ヌ	モ	ウ	ラ	ワ
	ワ	ウ	ヌ	ケ	コ
	コ	モ	ウ	ツ	ラ
	ケ	ラ	モ	ワ	ツ
	ツ	ヌ	コ	セ	ウ
	ウ	ケ	ワ	ラ	ヌ
	セ	ツ	ヌ	ウ	コ

	1	2	3	4	5
(61)					
(62)					
(63)					
(64)					
(65)					
(66)					
(67)					
(68)					
(69)					
(70)					

	1	2	3	4	5
(71)					
(72)					
(73)					
(74)					
(75)					
(76)					
(77)					
(78)					
(79)					
(80)					

(81)

〈手　引〉

(82)

(83)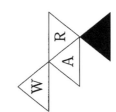

(84)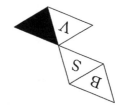

(85)

問 題						解答用マークシート欄				
1	2	3	4	5		1	2	3	4	5
B	D	C	T	S	(81)	⊏ ⊐	⊏ ⊐	⊏ ⊐	⊏ ⊐	⊏ ⊐
					(82)	⊏ ⊐	⊏ ⊐	⊏ ⊐	⊏ ⊐	⊏ ⊐
					(83)	⊏ ⊐	⊏ ⊐	⊏ ⊐	⊏ ⊐	⊏ ⊐
					(84)	⊏ ⊐	⊏ ⊐	⊏ ⊐	⊏ ⊐	⊏ ⊐
					(85)	⊏ ⊐	⊏ ⊐	⊏ ⊐	⊏ ⊐	⊏ ⊐
Y	W	T	Q	R						
U	X	C	V	E						
C	E	X	U	Z						
Y	E	A	R	C						

(86)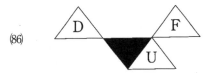

〈手　引〉

(87)

(88)

(89)

(90)

問　　題					解答用マークシート欄				
1	2	3	4	5	1	2	3	4	5
A	Q	R	S	E	(86) □	□	□	□	□
					(87) □	□	□	□	□
					(88) □	□	□	□	□
					(89) □	□	□	□	□
					(90) □	□	□	□	□
R	B	W	D	A					
Q	R	A	Y	W					
V	Z	S	E	U					
W	E	R	A	D					

実戦コース

14日目　TEST 9

〈手引〉		
	た	$a + 6b$
	れ	$4a \div b$
	そ	$2a - b$
	つ	$a \times 3b$
	ね	$3a - 2b$

	a	b	手引	1	2	3	4	5
(91)	$26 + 8$	$48 \div 6$	れ	11	13	15	17	19
(92)	18×3	$11 - 7$	つ	648	658	668	678	688
(93)	4×16	$7 + 5$	た	132	134	136	138	146
(94)	$42 + 15$	17×3	ね	66	67	68	69	70
(95)	$78 - 42$	$63 \div 7$	そ	62	63	64	65	66
(96)	11×2	$204 - 198$	た	50	52	54	56	58
(97)	$572 \div 286$	$26 + 7$	つ	168	178	188	198	208
(98)	$13 + 4$	$144 \div 8$	ね	13	14	15	16	17
(99)	$47 - 21$	6×4	そ	24	25	26	27	28
(100)	$216 \div 9$	8×3	れ	5	4	3	2	1

〈分　類　表〉

	652～705 751～762	589～637 713～746	その他
◆, ♯, ※, ◎	ヲ	マ	ソ
□, ▼, @, ★	ク	ユ	ホ
＋, ◇, ▽, ●	ロ	ノ	チ

(101) @—755
(102) ●—591
(103) ◆—712
(104) ▽—748
(105) ◎—690
(106) ★—764
(107) ◇—703
(108) □—624
(109) ＋—575
(110) ※—649

問	題		解答用マークシート欄

	1	2	3	4	5
(91)					
(92)					
(93)					
(94)					
(95)					
(96)					
(97)					
(98)					
(99)					
(100)					

	1	2	3	4	5
(101)					
(102)					
(103)					
(104)					
(105)					
(106)					
(107)					
(108)					
(109)					
(110)					

1	2	3	4	5
ユ	ヲ	ホ	ソ	ク
ロ	チ	マ	ノ	ユ
マ	ソ	ク	ヲ	チ
ノ	マ	チ	ロ	ホ
ソ	ク	ユ	マ	ヲ
ホ	チ	ユ	ソ	ユ
ノ	ソ	ク	ロ	ヲ
マ	ユ	ホ	ク	ノ
ソ	ロ	ノ	チ	ホ
ホ	マ	ソ	ヲ	ク

(111)

(112)

〈手　　引〉

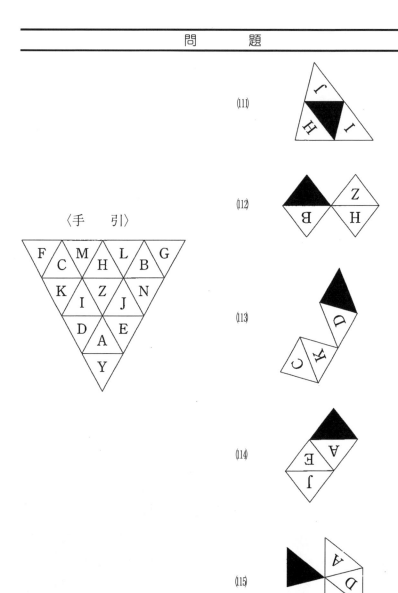

(113)

(114)

(115)

	問		題				解答用マークシート欄			
1	2	3	4	5		1	2	3	4	5
L	D	Z	M	N	(111)					
					(112)					
					(113)					
					(114)					
					(115)					
J	E	G	L	N						
Z	A	E	Y	J						
Y	I	D	Z	K						
J	Y	N	E	Z						

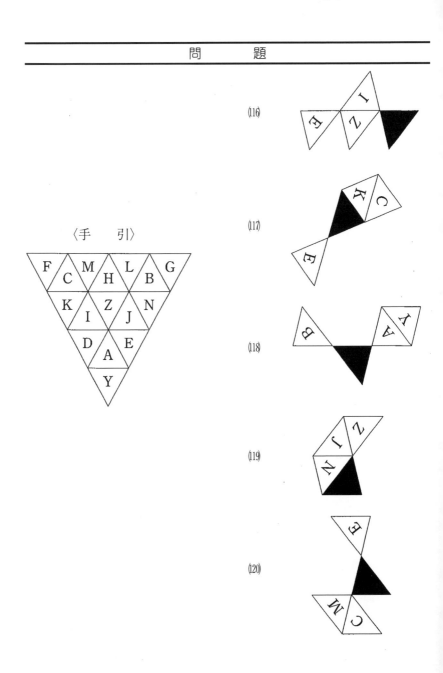

〈手　引〉

(116)

(117)

(118)

(119)

(120)

問		題				解答用マークシート欄				
1	2	3	4	5		1	2	3	4	5
K	C	H	M	F	(116)					
					(117)					
					(118)					
					(119)					
D	I	A	Z	H	(120)					
L	D	H	I	Z						
H	G	M	B	L						
Z	I	K	D	F						

14日目　TEST 9

243

14日目 〈TEST 9〉正答

(1)－3	(2)－4	(3)－3	(4)－1	(5)－1	(6)－2
(7)－3	(8)－4	(9)－5	(10)－5	(11)－4	(12)－3
(13)－4	(14)－2	(15)－4	(16)－1	(17)－2	(18)－5
(19)－1	(20)－3	(21)－4	(22)－2	(23)－2	(24)－1
(25)－3	(26)－4	(27)－5	(28)－3	(29)－2	(30)－1
(31)－1	(32)－3	(33)－4	(34)－1	(35)－5	(36)－5
(37)－2	(38)－2	(39)－1	(40)－3	(41)－2	(42)－3
(43)－1	(44)－4	(45)－5	(46)－3	(47)－4	(48)－1
(49)－5	(50)－2	(51)－2	(52)－3	(53)－5	(54)－1
(55)－4	(56)－1	(57)－3	(58)－4	(59)－3	(60)－4
(61)－2	(62)－2	(63)－3	(64)－1	(65)－5	(66)－5
(67)－4	(68)－1	(69)－3	(70)－1	(71)－4	(72)－1
(73)－1	(74)－3	(75)－3	(76)－5	(77)－4	(78)－3
(79)－2	(80)－5	(81)－2	(82)－3	(83)－1	(84)－3
(85)－5	(86)－5	(87)－3	(88)－2	(89)－1	(90)－4
(91)－4	(92)－1	(93)－3	(94)－4	(95)－2	(96)－5
(97)－4	(98)－3	(99)－5	(100)－2	(101)－5	(102)－4
(103)－2	(104)－3	(105)－5	(106)－1	(107)－4	(108)－2
(109)－4	(110)－3	(111)－3	(112)－5	(113)－2	(114)－1
(115)－1	(116)－4	(117)－2	(118)－5	(119)－4	(120)－2

セルフチェック

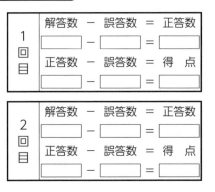
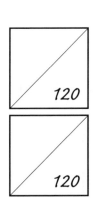

合格へのアドバイス⑵

●見慣れない問題に冷静に対処する

下の問題は実際に出題された，応用的な問題である。

	A	B	C	
⑴	1	■	6	$3B - C \div 2A = 9$
⑵	■	9	8	$C + 4A \div 2 = 2B$
⑶	6	5	■	$27 \div 3C + 6A = 9B$
⑷	■	5	9	$39 + 4C \div 3A = 9B$
⑸	2	4	■	$(2C + 3B) \div A = 11$
⑹	3	■	4	$6 \times (2A - B) = 3C$
⑺	■	4	3	$(6B - 3A) \times C = 27$
⑻	2	9	■	$(13 + 3B) \div C = 4A$
⑼	2	■	6	$6C \times A \div 4B = 6$
⑽	3	4	■	$8 \times (6B - 5A) = 24C$

　上問は，A，B，Cのうち■部に入る数字を，与えられた数式と数字から求めるもので，■部に入る数字がそのまま答えとなる。よって，■部に入る数字は1〜5以外はない。また，乗算の記号は省略されており，たとえば3Bは3×Bのことである。

　なお，上問の⑴〜⑽の答えは次のようになる。⑴−4　⑵−5　⑶−1　⑷−2　⑸−5　⑹−4　⑺−5　⑻−5　⑼−3　⑽−3

　このように本試験においては，オーソドックスな問題に加え，少し変わったタイプの問題が必ず出題される。しかし，これに戸惑ってはならない。適性試験が開始される前に，解き方を理解する時間は与えられているのだから，それをじっくり読み十分理解することが肝要である。また，変わったタイプの問題とはいえ，数問解くうちに慣れてくるので，最初は慎重に処理することである。

日	月	火	水	木	金	土
~~1~~	~~2~~	~~3~~	~~4~~	~~5~~	~~6~~	~~7~~
~~8~~	~~9~~	~~10~~	~~11~~	~~12~~	~~13~~	~~14~~
15						

《解答の手順》

[検査例Ⅰ] 指示に従い計算を行い，その答えがある箇所の数字と同じ位置にある数字を選べ。なお，①，②，③……は手引の中の列の番号を表す。たとえば，例題 **1.** では，③の欄から一番大きい数字である8を取り出し，dの2を加えたものをbの5で割るので，2となる。そして，2は答えがある箇所の1に位置しているので，正答は1となる。また，例題 **2.** では，正答は4となる。

〈手引〉		①	②	③
	a	6	3	4
	b	3	4	5
	c	4	2	8
	d	2	1	2

	1	2	3	4	5

例題 **1.** ③：一番大きい数にdを加え　　2　4　1　6　3
　　　　bで割る

例題 **2.** ①：aとcの大きいほうにbを　　7　5　8　9　4
　　　　加える

[検査例Ⅱ] 正本の文章を削除したり，付け加えたり，あるいは違う言葉に直したものを，副本と照らし合わせ間違いのある番号を答えよ。ただし，削除する部分は下線の下に〔削除〕と書き，付け加える部分は付け加える言葉を（　　）でくくり，矢印で入れる箇所を示してある。また，違う言葉に直す部分は下線の下に（　　）でその言葉が書いてある。たとえば，例題 **3.** では，削除したり，付け加えたり，あるいは違う言葉に直したものは副本に正しく記載されてあるが，正本中の「愛することの」の部分が，副本中では「愛することに」と記載されてあるので，正

246

答は3となる。また，例題 4. では，違う言葉に直したものが副本中に正しく記載されていないので，これも正答は3となる。

例題 3.

〔正　　本〕

父は隣人を愛することの大切さを身にしみて

〔削除〕　　　↑　　　　　　（難し）
　　　　　（真に）

〔副　　本〕

1	2	3	4	5
隣人を真	に愛する	ことに難	しさを身	にしみて

例題 4.

〔正　　本〕

彼女が昨日帰宅途中珍しいことを言ったので
　↑　　　　　　　　（奇態な）　　　　　（が）
（一）

〔副　　本〕

1	2	3	4	5
彼女が一	昨日帰宅	途中奇体	なことを	言ったが

[検査例Ⅲ] 左の正方形の構成部分（小片）を裏返しすることなく移動させて，その構成部分と同じものでできあがっているものを右の図形から選べ。1は の形，3は の形，4は の形と数，5は の形がそれぞれ誤りである。よって，正答は2。

例題 5.

　　　1　　　　　2　　　　　3　　　　　4　　　　　5

（注）このほかに，形は同じでも，大きさが異なるものがある。また，複雑な図形になると正誤の判断がむずかしいので，塗りつぶすなどしてみるのも一つの方法である。

〈手引〉		①	②	③	④	⑤
	a	6	1	2	4	6
	b	8	3	5	3	2
	c	11	4	4	12	8
	d	2	16	10	6	7
	e	3	7	8	7	13

(1) ③：eからaを引いたものにdを加える

(2) ④：一番大きい数をbで割ってdを掛ける

(3) ①：一番大きい数からbをdで割ったものを引く

(4) ⑤：偶数を足したものからdを引き一番小さい数を掛ける

(5) ②：cとeを掛けてaを引いたものをbで割る

(6) ③：一番大きい数と一番小さい数を掛けてeを引く

(7) ⑤：奇数を足したものをbで割ってcを加える

(8) ①：偶数を足したものから一番大きい奇数を引く

(9) ④：eにaを掛けたものから一番小さい数を引く

(10) ②：dをcで割ったものにeとbを掛けたものを足す

〔正　　　本〕

(11) 　散策は もちろんスポーツを楽しむには最高の
　　　　（や）〔削除〕　　　　（エンジョイする）

(12) 　なだらかな丘陵地に広がる静かな田園風景を
　　　　　　　　　　　　　　（美しい）　　　（が）

(13) 　音楽家と一緒に音楽を楽しむ雰囲気をつくる
　　　　　　　　　　（演奏）　　　　　　（ができる）

(14) 　落ち着いた風格を維持してきた住宅地なので
　　　　　　　　　　↑（保つ）　　　　（所）
　　　　（昔から）

248

問　　題	解答用マークシート欄

	1	2	3	4	5
(1)					
(2)					
(3)					
(4)					
(5)					
(6)					
(7)					
(8)					
(9)					
(10)					
(11)					
(12)					
(13)					
(14)					

1	2	3	4	5
14	18	16	17	19
20	24	19	28	16
8	11	10	9	7
12	18	19	13	15
6	11	9	8	7
12	14	8	10	16
16	20	17	19	18
7	6	9	5	8
21	25	23	27	24
24	27	20	23	25

〔副　　本〕

1	2	3	4	5
散策やス	ポーツを	エンジョ	イするに	は最適の
なだらか	な丘綾地	に広がる	美しい田	園風景が
音楽家と	一緒に演	泰を楽し	む雰囲気	ができる
落ち着い	た風格を	昔から保	っていた	所なので

249

問　　題

〔正　　本〕

(15)　水田の<u>一角</u>に<u>設け</u>られた竹筒を伝って絶え間
　　　　　　　〔削除〕（設置さ）　↑
　　　　　　　　　　　　　　　　（細長い）

(16)　<u>そのためには</u>工業製品<u>化された</u>素材を家具に
　　　（そこで）　　　　　　　　　↑
　　　　　　　　　　　　　　　（丈夫な）

(17)　低気圧が<u>急速に</u>発達しながら通過した<u>ので</u>荒
　　　　　　　〔削除〕　　　　　↑　　　　（ため）
　　　　　　　　　　　　　（本州を）

(18)　意外なのは<u>日中</u>よく目立つ<u>色である</u>赤や緑が
　　　　　　　　（昼間）　　　　〔削除〕　↑
　　　　　　　　　　　　　　　　　（黄いろや）

(19)　自由に遊びまわれる時間<u>と</u>空間を奪われた子
　　　　　　　　　　　　　〔削除〕　　↑
　　　　　　　　　　　　　　　　（現代の）

(20)　開催日にはサポーターが<u>どっと</u>繰り出して繁
　　　↑　　　　　　　　　　〔削除〕
　（ゲーム）

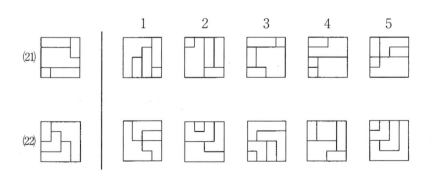

〔副　　本〕

1	2	3	4	5
水田に設	置された	細長い竹	同を伝っ	て絶え間
そこで工	業製品化	された丈	夫な素朴	を家具に
低気圧が	発達しな	から本州	を通過し	たので荒
意外なの	に昼間よ	く目立つ	赤や黄い	ろや緑が
自由に遊	びまわれ	る空間を	奪われた	現代の子
ゲーム開	催時には	サポータ	一が繰り	出して繁

	1	2	3	4	5
(15)	⊢　⊣	⊢　⊣	⊢　⊣	⊢　⊣	⊢　⊣
(16)	⊢　⊣	⊢　⊣	⊢　⊣	⊢　⊣	⊢　⊣
(17)	⊢　⊣	⊢　⊣	⊢　⊣	⊢　⊣	⊢　⊣
(18)	⊢　⊣	⊢　⊣	⊢　⊣	⊢　○　⊣	⊢　⊣
(19)	⊢　⊣	⊢　⊣	⊢　⊣	⊢　⊣	⊢　⊣
(20)	⊢　⊣	⊢　⊣	⊢　⊣	⊢　⊣	⊢　⊣
(21)	⊢　⊣	⊢　⊣	⊢　⊣	⊢　⊣	⊢　⊣
(22)	⊢　⊣	⊢　⊣	⊢　⊣	⊢　⊣	⊢　⊣

	1	2	3	4	5
(23)					
(24)					
(25)					
(26)					
(27)					
(28)					
(29)					
(30)					

	1	2	3	4	5
(23)					
(24)					
(25)					
(26)					
(27)					
(28)					
(29)					
(30)					

実戦コース

15日目 TEST 10

問　　題

〈手引〉

	①	②	③	④	⑤
a	3	12	6	11	5
b	1	5	4	10	13
c	10	8	9	1	2
d	5	19	12	4	8
e	9	3	18	5	14

(31)　③：一番大きい数に d を b で割った数を加える
(32)　②：一番大きい偶数から e を引き d を足して 2 で割る
(33)　④：a と d を加えたものから b を e で割ったものを引く
(34)　①：c と e の小さいほうに d を加える
(35)　③：a と c を掛けたものから b と e を足したものを引く
(36)　⑤：偶数を足したものから奇数を足したものを引き c で割る
(37)　②：d と b を足したものから e と b を掛けたものを引く
(38)　①：e を a で割ったものに c を加える
(39)　⑤：a に d を掛けて e を c で割ったものを引く
(40)　④：d を 3 倍したものに a を加えて一番小さい数を引く

〔正　　本〕

(41)　友人のことを真面目に考えてあげられるかど
（友だち）　（真剣）（守っ）

(42)　地域の情報を提供することで町づくりに参加
（役立つ）　（集める）（から）

(43)　知識と体験の豊富ないくつもの専門職能集団
（経）　（たくさんの）　（団体）

(44)　距離が遠くなればそれだけ難しくなってくる
↑　（近）　（なるほど）　〔削除〕
（2 人の）

問　　題	解答用マークシート欄

	1	2	3	4	5
(31)					
(32)					
(33)					
(34)					
(35)					
(36)					
(37)					
(38)					
(39)					
(40)					
(41)					
(42)					
(43)					
(44)					

1	2	3	4	5
12	23	18	21	20
19	14	16	17	18
14	15	13	12	16
11	15	19	14	16
32	26	28	34	30
10	6	5	3	8
11	8	9	10	13
13	12	14	11	15
28	33	31	26	35
23	20	19	21	22

〔副　　本〕

1	2	3	4	5
友だちの	ことを真	剣に守っ	てあげら	るれかど
役立つ情	報を集め	ることか	ら町づく	りは参加
知織と経	験の豊富	なたくさ	んの専門	職能団体
2人の距	離が近く	なればな	るだけ難	しくなる

実戦コース

15日目　TEST 10

〔正　　本〕

(45) リサイクル店を始めて 20 年<u>近く</u> になると語る
　　　　　　　　　　　　　↑　　　（以上）〔削除〕
　　　　　　　（2人で）

(46) <u>大学の</u>大都市への一極集中を避けるため移転
　　　〔削除〕　　　　　　　　　　　　　　　　↑
　　　　　　　　　　　　　　　　　　　　　（郊外に）

(47) <u>知らぬ間に</u>目に涙をためながら優しい気持ち
　　　〔削除〕　　　　　　　　　　↑
　　　　　　　　　　　　　（しっとりと）

(48) 平安時代の朝廷の女性<u>高官</u>の<u>生き方</u>をテーマ
　　　　　　　↑　　　　　　（たち）　（姿）
　　　　　（末期）

(49) アイデアを<u>現実の</u>形にするまでには<u>多くの</u>手
　　　↑　　　　　〔削除〕　　　　　　　　（膨大な）
　（自分の）

(50) <u>従来の</u>電話以外の通信手段が進むと<u>思われる</u>
　　　〔削除〕　　　　　　　　　　↑　　　（言）
　　　　　　　　　　　　　（急速に）

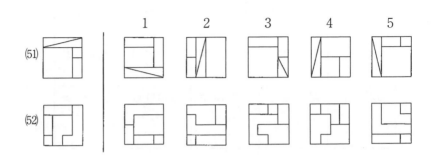

〔副　　本〕

1	2	3	4	5
リサイタ	ル店を2	人で始め	て20年以	上と語る
大都市へ	の一極集	中を避け	るため効	外に移転
目を涙に	ためなが	らしっと	りと優し	い気持ち
平安時代	末期の朝	延の女性	たちの姿	をテーマ
自分のア	イデアを	形にする	ためには	膨大な手
電話以外	の通信手	段が急速	に通むと	言われる

	1	2	3	4	5
(45)	⊏　⊐	⊏　⊐	⊏　⊐	⊏　⊐	⊏　⊐
(46)	⊏　⊐	⊏　⊐	⊏　⊐	⊏　⊐	⊏　⊐
(47)	⊏　⊐	⊏　⊐	⊏　⊐	⊏　⊐	⊏　⊐
(48)	⊏　⊐	⊏　⊐	⊏　⊐	⊏　⊐	⊏　⊐
(49)	⊏　⊐	⊏　⊐	⊏　⊐	⊏　⊐	⊏　⊐
(50)	⊏　⊐	⊏　⊐	⊏　⊐	⊏　⊐	⊏　⊐
(51)	⊏　⊐	⊏　⊐	⊏　⊐	⊏　⊐	⊏　⊐
(52)	⊏　⊐	⊏　⊐	⊏　⊐	⊏　⊐	⊏　⊐

実戦コース

15日目　TEST 10

	1	2	3	4	5
(53)					
(54)					
(55)					
(56)					
(57)					
(58)					
(59)					
(60)					